下一个独角兽
硅谷创业成功画像

[美]伊桑·莫利克（Ethan Mollick） 著

褚荣伟 闵彦冰 译

The
Unicorn's Shadow

中国原子能出版社 中国科学技术出版社

·北 京·

The Unicorn's Shadow: Combating the Dangerous Myths that Hold Back Startups, Founders, and Investors© 2020 by Ethan Mollick.
First published in the United States by Wharton School Press.

北京市版权局著作权合同登记　图字：01-2023-3462。

图书在版编目（CIP）数据

下一个独角兽：硅谷创业成功画像 /（美）伊桑·莫利克（Ethan Mollick）著；褚荣伟，闵彦冰译 .——北京：中国原子能出版社：中国科学技术出版社，2023.9

书名原文：The Unicorn's Shadow

ISBN 978-7-5221-2791-0

Ⅰ . ①下… Ⅱ . ①伊… ②褚… ③闵… Ⅲ . ①创业—研究 Ⅳ . ① F241.4

中国国家版本馆 CIP 数据核字（2023）第 133448 号

策划编辑	赵　嵘	**文字编辑**	杨少勇
责任编辑	付　凯	**版式设计**	蚂蚁设计
封面设计	仙境设计	**责任印制**	赵　明　李晓霖
责任校对	冯莲凤　焦　宁		

出　　版	中国原子能出版社　中国科学技术出版社
发　　行	中国原子能出版社　中国科学技术出版社有限公司发行部
地　　址	北京市海淀区中关村南大街 16 号
邮　　编	100081
发行电话	010-62173865
传　　真	010-62173081
网　　址	http://www.cspbooks.com.cn

开　　本	787 mm×1092 mm　1/32
字　　数	69 千字
印　　张	5.75
版　　次	2023 年 9 月第 1 版
印　　次	2023 年 9 月第 1 次印刷
印　　刷	北京华联印刷有限公司
书　　号	ISBN 978-7-5221-2791-0
定　　价	59.80 元

本书献给利拉赫（Lilach），因为他是最好的
编辑，也是最好的伙伴。

也献给丹尼尔（Daniel）和米兰达（Miranda），
因为他们很了不起。

目 录

让我给你讲一个创业的故事：

一位斯坦福的本科生晚上在大学宿舍里写代码，创造了一种新的社交网络。虽然他很笨拙，没有什么朋友，但他知道他需要一个联合创始人。他的姐姐想加入，但他知道最好不要与她合作。不过，他在一次聚会上发现了一个有魅力的家伙，他和他在同一个班级学习，更妙的是，他是迈尔斯·布里格斯测试（Myers-Briggs Type Indicator，MBTI）中的 ESTP，即企业家型人格！他们当场决定合伙创业。他们意识到：初创企业面临着极大的不确定性，计划没有任何意义，他们要立即开始工作。尽管他们是新手，而且他们

的创业想法也不在主流投资机构的视野内，但他们找到了一个敏锐的天使投资人。该投资人已经投中了许多热门项目，并决定也要支持他们。这个斯坦福的本科生和他的伙伴很快就发现自己正在经营一家巨大的全球企业，这家企业将改变我们所有人的沟通方式……

听上去很生动，对吗？你可以自行脑补：一家企业成立的早期，在车库（或者是破旧的兄弟会[①]宿舍）里挤满了工作狂一样的年轻程序员，创始人穿着不合身的西装去见投资人，由他的合伙人负责沟通。在企业起步阶段，通宵举行盛大的聚会。这是一幅非常生动的画面，因为它符合一种普遍的创业神话——一种笼罩在有抱负

---

① 兄弟会是存在于美国、加拿大等国家的一种社团组织。——编者注

的创业者身上的"单一神话"(monomyth)。民俗学家约瑟夫·坎贝尔(Joseph Campbell)使用"monomyth"一词指不同文化里的神话都有共同的元素,你可以在任何一个神话故事的主人公身上看到这些元素,从大力神赫拉克勒斯(Hercules)到卢克·天行者(Luke Skywalker)。创业企业的神话也是如此,开头的创业故事暗含了脸书(Facebook,现更名为元宇宙)、谷歌(Google)、微软(Microsoft)、推特(Twitter)和苹果(Apple)等多家知名公司创业时的元素。不过,其中也有一些臭名昭著的企业,如做血液检测的希拉洛斯(Theranos)。

这些都是具有传奇色彩的独角兽,估值超过10亿美元。其创业故事为大众对初创企业的想象提供了大量的素材。由于这些独角兽企业是创业圈面向公众的摇滚明星,它们深刻影响着其他创业者和广大公众对创业的想象。这些独角兽企业

将自己的影子投射在了其他事物上。人们也想成立这样的公司，同时，他们也发现自己在模仿这些成功的创业企业。

但是，他们没必要这样做，而且他们也许根本就不应该这样模仿别人。我写这本书就是为了告诉你原因，并揭示这些耳熟能详的创业故事是如何阻碍创业者、投资者以及企业家精神发展的。

我之所以能做到这一点，是因为我对创业的研究一直处于实证主义的革命之中。新的数据、更好的研究方法以及一大批聪明的学者一直在颠覆人们对创业的传统认知：所谓成功创始人所应有的特质、他们是如何成功的以及创业企业的生态系统是如何运作的。在本书中，我们将研究关于如何建立成功的初创企业的最新证据，以及初创企业如何使用科学的方法来收集自己的数据，增加成功的机会。在宾夕法尼亚大学沃顿商学院，我们把这种方法称为"循证创业"

（Evidence-Based Entrepreneurship）。

　　我们很想说，"循证创业"是宾夕法尼亚大学毕业生在创业圈子里取得巨大成功的唯一关键[1]。例如，在2018年，宾夕法尼亚大学毕业生筹集的风险资本资金比法国和德国的总和还要多。但是，仅这一事实就应该让你停下来思考一下。我的学生很了不起，但他们真的值得获得如此多的风险资金吗？一个学校的学生比世界上两个极大和极具创新性的经济体中的所有人获得的投资都要多。这种不成比例的投资说明，创业神话极大地扭曲了成功机会和支持人才的方式。这使我的学生受益，但却损害了许多其他人的利益，我们将在本

----

[1] 　根据PitchBook（在线数据库分析平台）的数据，从2006年到2021年，宾夕法尼亚大学培养了1142名公司创始人，包括校友或在校学生，他们总共创建了1047家公司，在世界所有大学中排名第五。——译者注

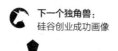
书后面讨论这个问题。

我们还将探讨最好的创业想法来自哪里、企业的最佳融资方式是什么，以及如何有效地向投资者推介想法。在我的整个职业生涯中，我一直生活和工作在初创企业的世界里。我曾与人合作创办过成功的互联网企业和非营利组织，并担任过不少公司顾问委员会的成员。初创企业也是我的学术研究和所教课程的主题。

就像我鼓励你对围绕创业成功的传统认知持怀疑态度一样，我也鼓励你对我提出的证据和我解释这些证据的方式持怀疑态度。本书结合了近150篇学术论文和手稿的研究，每篇论文都有自己的优势和局限。本书为无处不在的独角兽成功榜样提供了有力的反驳。我们仍然处于了解初创企业的早期阶段，我们将学习和构建神话背后真实、混乱、复杂且有时是反直觉的故事。

第一章

创始人：在扎克伯格和盖茨成功的阴影之下

CHAPTER 1

　　总有个阴影萦绕着潜在创业者——理想创始人的特质。每个人都能说出好几个成功创业者的名字。比如，美国太空探索技术公司（SpaceX）的创始人和特斯拉（Tesla）的联合创始人埃隆·马斯克（Elon Musk）、微软联合创始人比尔·盖茨（Bill Gates）以及脸书联合创始人马克·扎克伯格（Mark Zuckerberg）。因此，当人们考虑成立一家企业时，他们经常将自己与他们所知道的成功创业者进行比较。很多时候，他们会发现自己不适合这个角色：太老了、性别不对、没有技术含量、太有爱心、教育程度不够，或者是其他成百上千特质中的任何一个。

　　这其实抑制了整个社会的创业精神。有证据

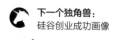

显示，有些准创业者就因为觉得自己"不太像"大众眼中的成功创业者，便不愿意创业。研究表明，特别是女性可能会因为这个原因而感到沮丧。然而，最新的证据显示，现在最成功的创始人看起来与扎克伯格或盖茨非常不同。事实上，相比做其他尝试，效仿这些典型的成功创业者的事迹会更有可能以失败告终。

▶▷ 年轻的创始人，年长的创始人

我在与风险投资人的交谈中，能很明显听到，他们经常认为创业是年轻人的游戏。例如，创业投资加速器（Y Combinator，YC）的创始人保罗·格雷厄姆（Paul Graham）在 2014 年说："投资人头脑中的创业者年龄分水岭是 32 岁。过了 32 岁，他们就会开始有点怀疑。"创业者们争相登上《福布斯》的"30 位 30 岁以下"（30 Under

30）名单，却没有相应的"40 位 40 岁以上"（40
Over 40）名单的炒作。为什么这么多人期望创
始人如此年轻？

这种期望似乎来自两个不同的信念。第一个
信念是，年轻的创始人更了解新市场，能更快地
抓住新想法。扎克伯格在他 20 多岁的时候，就告
诉斯坦福大学的听众，"年轻人就是更聪明"。第
二个信念是，人们希望创始人能投入大量的工作
时间去实现成功。例如，一位风险投资人曾经告
诉我，他们会在凌晨一点给创始人的办公室打电
话，看看他们是否在工作，然后再做出投资决定。
这两个信念中的一个在大多数情况下是错误的，
另一个则是完全不正确的。

的确，年轻的创始人可能更了解消费者的趋
势，也更善于向年轻的（也许是对新鲜事物接受
度更高的）年龄组进行营销。年轻创业者的理念
也不太可能受困于那些可能使年长创始人裹足不

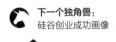

前的信念系统，从而为真正的突破创造机会。所以，对一些特定的行业，年轻可能是一种优势，但是这并不适用于所有行业。

另外，认为没日没夜在初创企业中工作是成功的关键，这种想法的现实基础较少。**事实上，最近的许多研究表明，创始人获得良好的睡眠和远离工作的休息时间对于成功至关重要。**尽管许多创业者都经历过"紧要关头"，他们必须在极短的时间内完成任务，但研究表明，如果这只是一家初创企业的例外情况而非常规情况，那么这家初创企业的表现会好得多。风险投资人应该把一个有独立于工作之外生活的创始人看作是一种积极的因素！

创新能力和工作时间只是评判创始人的两个视角，而且远非最重要。尽管我们经常赞扬那些颠覆行业的新手创业者，**但大量的证据表明，创始人可利用的资源，包括资金、人脉和经验，是**

决定一个特定企业家成功可能性的重要因素。 年长的创始人更有可能了解一个行业，并拥有社会和金融资本，以及重要的人脉，用以开始更可能成功的事情。

那么真相是什么呢？沃顿商学院教授 J. 丹尼尔·金（J. Daniel Kim）、皮埃尔·阿祖莱（Pierre Azoulay）、本杰明·琼斯（Benjamin Jones）和哈维尔·米兰达（Javier Miranda）合作进行的研究有一些令人惊讶的结论。他们利用美国人口普查数据，研究了美国的企业创始人。创始人的平均年龄是 42 岁，对于在技术等热门领域创办企业的创始人来说，这个数字基本保持不变。那么对于快速增长的企业，也就是扎克伯格和盖茨创立的那种企业呢？**在这种情况下，最成功的创始人是 45 岁至 59 岁的人！**

虽然年轻的创始人得到了更多的关注，但年长的创始人比人们想象中更常见。考虑一下

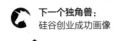
像里德·黑斯廷斯(Reed Hastings)这样的企业家,他在 37 岁时创立了奈飞(Netflix);阿里安娜·赫芬顿(Arianna Huffington)在 55 岁时创立了赫芬顿邮报[①](HuffPost);还有像威廉·杜兰特(William Durant)这样的经典创始人,他在 47 岁时创立了通用汽车(General Motors)。

▶▷ 关于性格的错误认知

一些投资者在他们考虑支持的创始人身上寻找有迹可循的特征或者某些特质。著名的风险投资家克里斯·萨卡(Chris Sacca)曾说过:"使最伟大的创始人脱颖而出的是他们对自己会成功的笃定感:他们就是知道会成功。"

这种情绪强调了这样一种信念:即创始人有

---

① 多语言新闻博客网站。——编者注

一种共同的性格特质。关于这种特质是什么，似乎还有一些争论（是自信的外向型书呆子还是自信的内向型书呆子？），但人们一致认为"它"肯定很重要，有经验的投资者可以看出你是否具有这种特质。

但这并不是事实。

几十年来，学者们一直在探索创始人个性与创业成败之间的联系，涉及的研究有数百项。尽管一些研究发现了创业成功与个性之间暂时的联系，但其影响相当小，而且需要个性与有关企业的阶段、性质和方法相匹配。有一些迹象表明，成功的创业者可能比其他人更想掌控自己的生活，而且他们也比其他人更相信自己的能力，但这些因素的影响并不是特别大。这并不意味着个性对初创企业没有影响，但它确实说明了没有简单的方法来判断哪种类型的人最适合做创始人。而这意味着，任何一个因为你不具备这些因素，而判

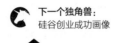

断你不会成为一个成功的创业者的人，都很可能
是错误的。

然而，这一信息有一个重要的注意事项。**尽
管我们无法预测哪些人将在创业方面取得成功，
但我们有可能可以预测出谁会尝试创业。最大的
因素之一是极为自信**。创业很像一个人试图成为
音乐家或作家。许多人尝试过，因为他们想做大，
但很少有人能成名。由于创业是有风险的，被吸
引的人往往是那些认为自己比别人强的人（无论
对错）。极为自信对成功没有影响，但它确实意味
着，相比谦虚的人，更多极为自信的人会去尝试
创业。"大五人格测试"（Big Five Personality Test）
中的其他心理因素，如自觉性和对经验的开放性，
似乎也能预测某人尝试成为创始人的可能性，但
这些因素并不能用来解释谁会真正成功。

▶▷ 没有联合创始人是否有风险

如果你与风险投资人交谈，你会听到很多关于"创始团队"的说法。事实上，创业企业需要有团队的想法在创业神话中根深蒂固——想想苹果公司的史蒂夫·乔布斯（Steve Jobs）和史蒂夫·沃兹尼亚克（Steve Wozniak）或惠普公司（Hewlett-Packard）的休利特（Hewlett）和帕卡德（Packard）。对创始团队需求的信念是如此强烈，以至于 YC 的创始人格雷厄姆将其列为"扼杀初创企业的 18 个错误"中的第一个。格雷厄姆的著名加速器 YC 拒绝了多宝箱（Dropbox）创始人德鲁·休斯顿（Drew Houston），告诉他除非休斯顿找到一个联合创始人，否则不会接受该公司加入 YC 的创业加速计划。休斯顿求助于一个朋友的朋友，即他从未见过的阿拉什·费多西（Arash Ferdowsi）。他花了两个小时说服费多西从麻省理

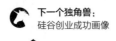
工学院退学，和他一起创办企业。Dropbox 后来取得了巨大的成功，但这可能是一个让人心生畏惧的故事。为了成功，真的有必要说服一个完全陌生的人和你一起创办企业吗？为什么拥有联合创始人如此重要？

我的同事，纽约大学斯特恩商学院的教授杰森·格林伯格（Jason Greenberg）和我决定研究一下这个根深蒂固的创业神话背后的证据，结果发现几乎没有证据能支持它。一些较早的研究表明，创始团队的表现可能优于个人，但这大多是一个想当然的假设。我们决定更仔细地研究一下这个问题。

首先，我们调查了数千家在众筹平台 Kickstarter 上通过众筹启动的企业的详细数据。我们发现，样本中单干的创始人、两人一组的团队和三人以上的团队的比例相当平均。当我们分析这些数据时，我们发现了一些令人惊讶的事情——单打独斗的创始人经营的创业企业能持续赢利的概率是多人团队的两倍多！**由单个创始人经营的创业企业实际上比共同创办的企业做得更好。**

反思一下有助于我们理解这一发现。如果你看过电影《社交网络》（*The Social Network*），你就会知道爱德华多·萨维林（Eduardo Saverin）［由安德鲁·加菲尔德（Andrew Garfield）扮演］和扎克伯格同是脸书的创始人之一。他们一起合作推出了脸书并投入了资金，但两人之间很快爆发了冲突，萨维林最终被迫离开了自己的公司，他后来起诉公司的行为令人印象深刻。在这个案例中，那时脸书项目已经上了正轨，并没有被创始人间的冲突所影响，但这个故事无比普遍。在一项调查中，风险投资人表示，创业企业失败的原因有65%是由于高级管理团队的问题，只有35%是由于其他方面的原因，比如产品、营销和职能管理。联合创始人可以互相帮助分担工作量，

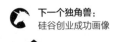
为彼此提供心理支持，但也可能导致冲突。

这并不意味着你一定要单干。这方面的研究还比较少，许多出资人仍然希望看到联合创始人团队。这意味着，即便单干是首选，但如果每个风险投资人和天使投资人都希望你有一个联合创始人，那么单干也不会对你有什么帮助。但它确实表明，单干是一种选择，特别是当你唯一的选择是与一个陌生人一起干的时候。

格林伯格（Greenberg）和我共同撰写的另一篇论文研究了创始人之间的关系，结合使用了前一项研究中的众筹数据和对美国许多行业创始人的调查数据。我们发现，与陌生人一起创业往往是灾难性的，其失败率最高，尽管多宝箱（Dropbox）创业项目是成功的。虽然这很合理，但第二个发现更令人惊讶。与没有合作过的朋友一起创办企业，几乎和与陌生人一起创办企业一样糟糕。这两个发现的关键似乎是，**与你以前从**

未实际共事过的人一起创办企业会产生各种问题。相反，最成功的创始人往往会与他们以前有经验的同事一起创办企业。这使他们对如何合作有了共同的理解，并使他们能够体验到友谊所带来的一些信任上的好处。

令人惊讶的是，最成功的创始团队关系是家庭。尽管人们经常被建议不要与家庭成员一起创办企业，但我们的数据表明，家庭成员一起创办的企业存活率最高。当你想到世界上许多很大的企业仍然由家族经营时，这可能就不那么令人惊讶了，从嘉吉[①]（Cargill）到塔塔[②]（Tata）再到科氏工业[③]（Koch Industries），还有许多其他企业，包

[①]　一家全球性的贸易、加工和销售公司。——编者注
[②]　印度集团公司，商业运营涉及七个领域：通信和信息技术、工程、材料、服务、能源、消费产品和化工产品。——编者注
[③]　全球最大的非上市公司之一，涉及领域包括原油开采、炼化、贸易、管道运输等。——编者注

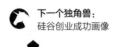

括沃尔玛（Walmart）和福特（Ford），仍然由家族成员担任主要角色。这并不意味着与你的亲人一起创业总是一个好主意——我们的研究并没有告诉我们当他们的企业失败时，他们的家庭会发生什么，但这一创业模式至少值得考虑。

▶▷ 让创始团队发挥作用

如果你的企业是以团队的形式开始的，而不是只有一个人，你将需要付出一些额外的努力来使团队成功，特别是在开始的时候，因为你的团队成员将很快成为企业成功的关键。创始团队成员之间有许多决定要做，而且需要尽早做出决定。关于谁承担哪些角色，团队的目标是什么，你们将如何给对方提供反馈，如何处理分歧以及其他许多问题，最好在每个人都投入过多的时间和金钱之前就要解决掉这些问题。最棘手的问题可能是分配股权——如果任何团队成员认为分配不公平，就会导致他的长期不满。股权分配的过程必须经过深思熟虑，如果你为了避免任何冲突而迅速将股权平均分配给创始团队成员，那么你的行为可能给未来埋下巨大隐患。为了帮你更好地理解为什么这可能是一个挑战，我想给你讲一个我经常给我的工商管理硕士（MBA）学生出的难题。

三个朋友琢磨出了一个创业的想法，他们的共识是：在想出这个想法时，他们都发挥了同等的作用。他们还同意为该创业企业投入1万美元。他们各自为该创业企业的启动做了同样多的工作，并同意将工作分成三个角色：首席执行官、首席技术官和首席财务官。这些角色对该企业的成功负有同等责任，并且对该企业的长期成功所要付出的心血基本相同。这三个人应该如何划分该企业，他们各自应拥有的股权比例是多少？

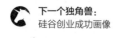

当我问我的 MBA 学生时，通常班上约有 40%
的人想平均分配股权，三个朋友各占 33.3%。这
是有道理的。三个人都对如何经营他们的创业企
业做出了一些重要的选择，他们都在为实现这一
目标而努力工作，他们都在投资同等数量的资金，
等等。班上还有一部分人也同意平均分配股权，
但要加一些附加条件。班上大约 20% 的人根据假
定的认知选定了一些规则：部分学生认为首席技
术官应该得到更多的股权，或者首席执行官应该
得到更多的股权，或者应该有某种竞争的测试，
由赢家来决定股权分配的比例。

班上的少数人注意到了这个案子的一些特殊
情况。根据到目前为止我们所看到的事实，平均
分配股权是合理的。但问题是，这个决定是基于
迄今为止发生的事情。而我们的目的不是基于过
去发生的事情来激励大家，而是基于未来应该发
生的事情来激励大家。未来会有很多不确定性，

该企业可能改变方向，不再需要首席财务官；个
人情况可能发生变化（例如，有人可能生病，有
人可能决定离职）；组织内部可能出现某种危机；
或者，不同团队间的政治倾向可能导致两个创始
人背叛第三个创始人。这些都是组织内部可能而
且确实会发生的问题。你不仅要考虑已经发生的
事情，还要考虑你对未来的计划，或可能发生的
事情。

你怎样才能说明未来？对于适用于初创企
业规划的认识论，我参考了美国前国防部长唐纳
德·拉姆斯菲尔德（Donald Rumsfeld）的话，他自
己也在适应一种叫作乔哈里窗口（Johari window）
的技术："有已知的已知，有些事，我们知道我们
知道。我们也知道有已知的未知……有些事，我
们知道我们不知道……也有未知的未知，有些事，
我们不知道我们不知道。"在创业中，有些事，
我们知道我们知道，我们把这些事情称为事实。

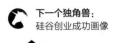

在关于创始团队的难题中，我知道我们知道的是：团队一起想出了这个主意，团队决定平均分配角色，每个人都投入了 1 万美元。

但是也有一些已知的未知：我们知道我们不知道的事情。什么是我们知道我们不知道的事情呢？在初创企业中发生了很多事情，我们知道，创始人可能会决定离开现在的工作岗位，全职为新企业工作。我们知道创始人可能需要筹集资金，但我们不知道从谁那里筹集或在什么时候筹集。这些都是已知的未知。你知道这些是你的组织中的不确定因素，但你也知道，在某些时候，你将需要回答这些问题。你将不得不弄清楚你将如何筹集资金，而团队成员将不得不决定是否辞去现在的工作加入你们的创业企业。因为你知道这些事情会发生，你可以用合同来解决这些问题。最重要的合同类型是关于创始人所拥有股份的分阶段兑现条款。兑现实际上意味着你必须随着时间

的推移赚取你的股份。如果你拥有一家企业 40%
的股份，分四年兑现，你每年可以得到 10%，但
如果你在两年后辞职，你只能带走该企业 20% 的
股份，而不是全部的 40%。你可以用时间以外的
条件来兑现，这取决于你的情况。例如，你的兑
现条款可以规定，如果有人在一家企业全职工作，
他们获得股权的速度要比那些保持现有工作，只
在晚上和周末为你工作的人快。兑现条款可以确
保创始人在未来继续为企业做出贡献，而不是仅
仅因为他们最初的工作而得到奖励。

最后，还有一些未知因素，或者我们不知道
的事情。如果一个创始人有家庭紧急情况，决定
离开组织六个月怎么办？如果你的企业的发展方
向发生了根本性的变化，不再需要一个勤奋的创
始人怎么办？如果一场自然灾害使创始人无法前
来工作怎么办？所有这些事情都可能从根本上改
变你公司的发展方向，但它们不能在合同中体现

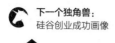

出来。

　　这就是在创始人之间建立和保持信任的关键所在——只有通过讨论和协商，你才能处理真正的意外。如果你不经常与团队的其他成员谈论你对企业的潜在感受、你的担忧和你的忧虑，你就会有很多问题。当事情发生变化时，人们之间的隐性协议就会瓦解。因此，你需要通过开诚布公地建立信任，并就你对组织的感受与其他人建立和维持持续的对话。因为那些打算在初创企业中努力工作的聪明的创始人在他们的创始股东协议中投入了大量的工作，那些简单的基于平等的股权分配的协议已经被证明是一个初创企业更容易崩溃的因素。

　　在下一章，我们将研究能让你产生创业想法的一些方法。

创始人检查清单：需要记住的事情

- 没有适用于所有初创企业的理想创始人性格类型。

- 在初创企业的世界里，年轻并不一定更好。在美国，创业企业创始人的平均年龄是 42 岁。

- 拥有共同创始人会带来一些意想不到的负面后果。独自创业（或与家人一起创业）有时可能是一种优势。

- 如果你有联合创始人，充分考虑创始股东协议是企业取得成功的关键。

第二章

创业想法：寻找灵光一现

在许多创业故事中，创业的点子常常扮演了一个神秘的角色。潜在的创始人焦急地等待着"灵感"的出现。当他们终于有了创业想法，创始人会对它保密，就像《指环王》(*The Lord of the Rings*) 中咕噜（Gollum）对他的戒指一样迷恋。不过，最终他们仍旧需要向外部顾问、投资人或像我这样的人介绍这个想法。只有到那时，他们才会发现，几乎不可避免地，他们的点子是以前已经被提出过很多次的东西，或者有一些明显的致命缺陷。事实上，很少有人会突然想出一个天才的点子，这个点子已经完全成型，并且能一招制胜。绝大多数的创业点子之于潜在的创始人，就像婴儿之于新手妈妈，对他们自己来说这个点

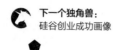

子可能是个奇迹，但对于对其不感兴趣的旁观者来说，它可能就没什么特别的。

正如我们在后面的章节中会讲到的，创业想法只是你创业旅程的开始，是开始创业的基础。在创业企业的整个生命周期中，大多数公司至少会改变方向或"转向"一次，在摸索其战略和市场的过程中不断发展其想法。但这些转向通常是基于最初点子的变体，而不会是一个全新的概念。

那么，你如何找到不错的创业点子呢？在这一章中，我们将研究创业想法的来源以及如何产生好的点子，并且将神话般的方法与有证据支持的方法区分开来。

▶▷ 发挥创意的前提

要想出好点子，你就需要有创意。

如果我的课程有任何暗示这些潜在创业者

"毫无创意"的表达，我估计相当多读者的反应不是恼怒，而是惊慌。但是，有创造力的人和没有创造力的人之间的划分并不像你想象的那样明确。最近的研究表明，在创业者中，一个人一周内不同时间段创造力的差异比人与人之间的差异还大。**这意味着，最大限度地发挥你自己的创造力可能比成为一个"天生有创造力"的人更容易且更重要。**那么，你如何才能最大限度地发挥你的创造力呢？

让我们从最基本的开始。首先，正如第一章中提到的，良好的睡眠至关重要。一系列最新的研究论文表明，**良好的睡眠能让创业者更有创造力，对成功想出高质量的创业点子至关重要。**睡眠不足的人不仅会产生低质量的点子，还会变得不善于区分好点子和坏点子。更糟糕的是，研究表明，睡眠不足的人会变得更加冲动，更有可能对他们产生的坏点子采取行动。这意味着，一个

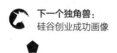
长期睡眠不足的人更有可能想出坏点子，还不自知，并贸然辞去工作去追求它们！因此，创造力始于良好的睡眠。如果你不能做到这一点，75分钟的小睡几乎可以使人们处于正确的状态，从而发挥创造力。

除了休息，还有什么能让你更有创造力？这也许是我亲自体验并验证过的观点之一，咖啡或者任何咖啡因，都可能有帮助。**喝几杯咖啡（或茶）可以增强你的记忆力、创造力和学习能力，而且对认知能力的影响很小。**睡眠和咖啡因也都可以帮助你改善情绪。**事实证明，良好的情绪对想出创业点子很重要。愉快、积极的情绪会催生好的想法。**因此，在琢磨点子的过程中，保持积极和快乐很重要。不过在评估创业点子质量的时候，你会想要更加具有批判性，这需要转变为更严肃的情绪。

以上这些做法可以让一个人更有创造力，但

许多创业开始时都是由一群人一起研究一个想法，正如第一章所讨论的那样。从有创造力的个人到有创造力的团队，看上去很简单，但这比仅仅多了几个人要复杂得多。一切始于搭建合适的团队。如果你打算和团队成员一起工作，一起来思考创业的点子，那就试着组建一个具有不同背景和经验的小组。这种类型的团队比那些背景类似的团队更有可能提出新的概念。而后者的团队成员更可能拥有相同、单一的观点。此外，往往在某一场景下常常有好点子的人也善于在其他场景下提出有创造力的点子。如果可以的话，邀请你人脉中最具创造力的伙伴帮助你一起出主意。

此外，你在团队中的工作方式对创意的产生也很重要。有悖常理的是，在实际操作中，往往团队一起讨论出的创业点子会比一个人自己琢磨出的质量更低。尽管在团队中组织头脑风暴已经成为一种文化主流，但要在集体头脑风暴中产生

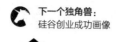

点子的秘诀是在集体讨论之前就要做好准备。一旦你们开始作为一个团队工作，各种人情世故就会发挥作用。你会变得有自我意识，你会压制自己的一些想法以适应群体，你会关注其他人要说的话而不是你自己的想法。团队一起工作时产生的想法大约是同样的人单独工作时的一半。**为了获得最大的创意，你需要从单人的头脑风暴开始。**

在你开始与小组其他成员交谈之前，每个成员都应该利用会议前三分之一的时间构思，并写下想法。在你自己写下一个创意清单后，你应该开始与其他人一起工作，首先是分享你们各自的清单。或者，每个人都可以把一张写有一两个创意的清单递给右手边的人，拿到清单的人可以默默地把自己的创意加到清单里，以此类推。这种方法被称为"书面头脑风暴或脑力写作"，已被证明是一种有效的产生创意的方式。然后，你要与小组中的其他人一起对这些创意进行公开讨论，让每个人都有机会在彼此想法的基础上获得认同，并提出新的创意。你可以通过传统的头脑风暴或使用其他方法来做到这一点，比如在便利贴上写下想法，然后把它们贴在房间周围的墙上。将个体和群体思考结合起来是产生创意最有力的方法之一。

你甚至可以通过小酌几杯来找到创业点子。与咖啡因一样，酒精可以促进创意的产生。研究发现，在创意产生的过程中，微醉的人比清醒的人更有创造力，而且更有可能突然出现"啊哈"（灵光闪现）的时刻。此外，微醉的人想出的点子质量更高，即使后来被（往往是清醒的）评委评估也是如此。然而，我并不建议将喝酒作为创业企业的一个特点，因为除了喝酒本身可能造成的问题之外，研究表明，公司文化中如果有喝酒的传统，更有可能导致公司从事欺诈和其他形式的不道德行为。

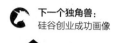
无论你采取什么方式让自己更有创意，你要的就是想出一个好的点子，同时避免陷入陷阱和迷思。

研究表明，你看待问题的方式，通常被称为问题框架，对你看到创业机会的程度有很大影响。通过改变你的框架，你可以想出全新的好点子，或者发现别人没有看到的问题。本章的其余部分将介绍各种框架——都试一试吧！有些框架在某些特定场景下效果会更好，但任何框架都可能有助于你打破成规、迸发灵感，发现一个伟大的新机会。

▶▷ 围绕效果的框架：问自己三个问题

人们在寻找创业点子时时常犯的一个错误就是自上而下地开始寻找一个不断增长的市场，然后试图找出进入这个市场的方法。这可能行得通，杰夫·贝佐斯（Jeff Bezos）就是这样决定推出亚马逊网站的！但前提是你对潜在趋势的判断是正确的，并且有资源来执行这个想法。你也要在这个行业没有太多竞争之前尽早下场。在大多数情况下，那些试图进入热门行业的创业企业比那些避免追逐风口的公司的表现要差。

那么，除了以这种自上而下的方式寻找市场之外，还有什么其他选择呢？萨拉斯·萨拉斯瓦西（Saras Sarasvathy）教授研究了几十位成功的创业者，她意识到他们有一些共性。当他们围绕创业想法进行思考时，他们不是从他们心目中已有的目标开始，而是从他们所掌握的手段开始。这种方法被称为"效果推理"（effectual reasoning），为潜在的创始人提供了一种强有力的方法来梳理其创业想法。

"效果推理"从你开始，作为一个潜在的创始人，你需要问自己三个问题：

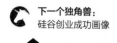

（1）你是谁？

（2）你知道什么？

（3）你认识谁？

虽然这些问题看起来很简单，但在实践中使用它们可以给你带来深入的思考。这些问题要求你去思考你现在拥有的资源，以及能够使你成功的才能和技能。**更重要的是，它们逼着你思考你自己可能比其他人更了解的市场，以及哪些市场可能存在被其他初创企业忽视的需求，而这正是因为这些企业家不具备你独特的知识和能力组合。**萨拉斯瓦西教授称这为"手中之鸟"（Bird in Hand Principle）原则：从你今天拥有的资源开始，从你能比别人做得更好的地方，果断下场开始你的事业。不要等待客观上完美的点子，拥抱只有你现在可以实施的想法。

这也部分解释了为什么年长的创始人往往更成功（正如第一章中所讨论的那样）。与工作经验较少的人相比，他们拥有更多的技能、资源和关于潜在市场的知识，因此更有机会找到有效的创业点子。但你不需要成为拥有 20 年经验的高管才能使用"效果推理"。从效果的角度来看待你的技能和关系，可能会让你开始做一些最初看起来不那么雄心勃勃的事情，但最终可能会创造一个新的行业！这就是效果。

举个例子，我们回顾一下虚拟现实（Virtual Reality，VR）行业再现的故事。在 20 世纪 90 年代初，VR 作为创业的热门领域，吸引了很多针对 VR 街机以及早期家用 VR 设备的投资，但市场在 1995 年前后就崩掉了。尽管商业 VR 市场崩溃了，但一些业余爱好者仍然对这种眼镜的视觉效果感兴趣，因为它可以将用户带到计算机生成的环境中。其中一个业余爱好者帕尔默·勒基（Palmer Luckey），他就是一个效果推理创业（effectual entrepreneurship）的好例子。我们看一下勒基对

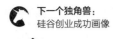
那三个问题的回答：

（1）你是谁？一个在家自学成才的技术天才，对新技术充满好奇。通过副业积累了些资源，这使他能够获得硬件来使用。

（2）你知道什么？以别人无法做到的方式制造虚拟现实头盔，而且是以很少人感兴趣的方式做到。

（3）你认识谁？三维（3D）游戏网站"注定被看到"（Meant to Be Seen）上的虚拟现实爱好者，加上早期VR行业里的许多名人。

鉴于此，勒基以一种有效的方式提出了建立VR创业企业的点子。他开始为自己制造VR设备，然后将这些设备作为套件推销给他所在的业余爱好者社区的成员，从而吸引了更多人的关注。基于他所在社区的需求，他在众筹平台Kickstarter上发起了25万美元的拍卖，以销售他的新款"傲库路思"（Oculus Rift）头盔。他这一举动最初在社区中引发了骚动并扩散开来，他最终筹集了240万美元。不久之后，脸书公司以大约23亿美元的价格收购了他的公司Oculus VR，导致VR行业突然复苏。勒基并没有通过理性地分析寻找一个可以进入的市场来实现这一趋势——当时没有人投资虚拟现实。相反，他从他是谁、他知道什么以及与他有联系的人开始。

▶▷ 围绕约束的框架：改变世界

想出好点子的另一个技巧是通过改变你所面临的限制条件来改变问题的边界，这可以让你以一种新的方式看待问题，从而有可能形成新的解决方案。最快捷的方式是取消所有的限制条件。这种被巴里·纳勒布夫（Barry Nalebuff）和伊恩·艾尔斯（Ian Ayres）教授称为"克洛伊索斯（Croesus）会怎么做？"的方法，以传说中拥有世

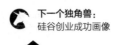

界上所有金钱的古代国王克洛伊索斯为例。这种方法提出了一个问题：如果你有无限的资源，为解决眼前的问题你会怎么做？然后从这个问题倒推，考虑一个更普遍的解决方案。

例如，假设你很有钱也很忙，你刚刚把新买的苹果手机摔坏了。你显然不会自己去苹果商店，因为商场是为"普通人"服务的。你甚至不会想派一个助手去帮你买手机，因为那会占用你宝贵的时间，那么在此期间你就没有手机可用。即使你有一堆新的手机，也需要一两个小时来恢复你的备份信息。相反，你可能会有专门的助理不断将你最新的信息备份更新到新的手机中，随时准备好。这样你把坏掉的手机扔到一边，就能立即开始使用新手机了。我们已经消除了所有的限制，想出了一个新的方法来解决摔坏手机的问题（针对非常有钱的人）。

然而，很明显，不是每个人都能负担得起招个助手持续为他们的手机备份，所以这个想法是荒谬的。相反，我们可以考虑如何在不花钱的情况下获得同样的效果：我们如何在人们丢失手机后迅速给他们更换带有个人数据的手机？我们知道人们已经愿意支付像苹果保修计划（Apple Care）这样的服务来维修他们的手机了。如果我们能在类似的价格范围内提供一个经过改进的服务呢？我们可以用更合理的方式获得一些与无限制资源的例子相同的效果。想象一下，有一种服务，在主要城市放置了装有备用手机的货车。一旦人们的手机坏了，他们就可以打电话给货车司机，还可以安全地发送他们的账户信息，将备份上传到已经在货车上等待的手机上。货车会被开到客户那里，客户用旧手机换新手机，工作人员提供归还和更换坏手机的服务，所有这些都可以收取合理的费用。这个想法是否有利可图尚不清楚，但它确实说明了：**消除问题的制约因素是一种能帮**

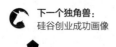

助产生好主意的新的思考方式，激发创意形成新的解决方案。

有趣的是，增加约束条件也会产生同样的效果。心理学实验表明，当对人们追求的想法施加限制时，他们往往会展现出更多的创造力，尽管这看上去是矛盾的。例如，在一项研究中，参与者被告知要为儿童设计一个玩具，并从较大一组积木中选出五块形状怪异的积木。在一些情况下，实验者随机地给人们提供积木，而在其他情况下，他们被允许挑选自己的积木。此外，在某些情况下，受试者必须使用全部五块积木，或者允许他们使用任何数量的所给积木。最后一种情况限制最少：允许人们自己挑选积木，使用他们认为合适的数量。令人惊讶的是，这一组的人想出了最没有创意的答案。相反，在限制最多的一组中，人们被随机给予五块积木，并且必须使用所有五块积木，实际上这组在过程和结果上都是最具创造性的。**增加限制条件是有用的，因为它们迫使你改变你的思维，打破旧的框架。**你可以通过各种方式为你的想法增加约束，通常是有意识地改变你的观点。比如说：

● 你可以考虑产品或服务的极端用户，这可以迫使你想出新颖的角度。一个宇航员会如何使用一个普通产品？一个孩子呢？一个在秘密阴谋下逃亡的人呢？

● 你可以给你的解决方案设置限制以激发新的方法。如果必须使用在线服务来实现呢？如何通过改变一种动物或植物来解决这个问题？如果它必须以低于10美元的价格完成呢？

● 你可以考虑对立面，这迫使你更全面地思考这个问题。如果你想让问题变得更糟，你会怎么做？你能解决这个特定问题的最复杂方式是什么？

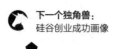

▶▷ 基于归纳的框架：问别人问题

为了改变原有观点，你可以做的最重要的事情之一是好好观察下周遭的世界，看看你是否可以学到任何新的或令人惊讶的东西。仅仅搜索互联网或阅读书籍是不够的，你还要去观察人们做的那些你感兴趣且能让你探索商业想法的活动。再进一步：采访一些潜在的客户！

客户访谈是一种随着实践不断提高的技能，不过这里也有几点能帮助你有效实施访谈的基本建议。

● 首先，花些精力确定你要采访的对象。一般来说，最好的采访对象是你未来产品的潜在客户。例如，如果你正在考虑一项为大学运动员提供指导，帮助他们在比赛中保持成绩的服务，你会想从采访一些普通的运动员开始。采访对象最好是能涉及多个运动项目和学校。第二类你要接触的有用群体是极端用户，他们会有些更高级的或不寻常的需求。这些人可以帮助你看到市场的发展方向，并帮你意识到那些你没有考虑过的创新想法和问题。在我们的例子中，这可能包括走向职业化的运动员，从事不寻常且耗时项目（如登山）的运动员，或在要求严格的学校里的运动员。

● 除非你别无选择，不然你要避免只与你容易接触的人交谈。如果你找不到愿意与你交谈的人，之后你很可能也会遇到寻找客户的问题，因为找到想购买你的产品的人往往比找到那些愿意与你交谈的人更难。

● 当你做访谈的时候，你应该事先准备好你要问的问题，并确保你在每次访谈中都问类似的问题。这使你能够在不同的访谈中进行比较。你正试图从你的采访对象那里学习，你说得越多，

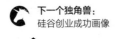
你学到的东西就越少。你希望你的采访对象给你
他们自己的解释和想法，所以要尽可能多地提出
引导采访对象讲出具体故事的开放式问题，注意
人们如何解决自己的问题。在以上例子中，你可
能会想问运动员，他们是如何在艰难的训练中安
排学业的，或者让他们向你讲述某个他们面临巨
大学业和训练压力的时期。你也可以询问你的潜
在客户他们今天使用的是什么产品，讨论他们是
如何选择这些产品的，并让他们向你介绍他们是
如何使用这些产品的。让运动员向你展示他们如
何学习、使用什么技巧，以及他们如何即兴发挥
形成自己的解决方案。别忘了做好笔记！仔细观
察和倾听你的潜在客户，这能够帮你创造性地搜
集信息，尤其是进行归纳构思、形成溯因推理框
架所需要的信息。

　　基于归因的框架需要你注意在观察中发现的

意外情况，并想出一个合乎情理的故事或需求来解释它们。你应该寻找反直觉的东西：人们所说的和实际所做的之间的矛盾，或者人们用来解决他们问题的方法。这可能会让你有意想不到的收获。

例如，你可能已经观察到，在训练季节，运动员们在选课上花了大量时间，既要保证课程足够容易，又要适合运动季的时间安排，这就导致所有运动员都选了同样的课程。他们可能抱怨说，这些课程他们并不感兴趣，无法满足他们真正的需求。如果你有一个课外辅导的创业想法，这可能意味着这没法适应他们真正的需要。相反，也许你应该创建一个在线课程，通过订阅的方式提供给这些因为赛事到处"旅行"的学生，让他们不用在获得大学学分、学习必要的课程和选择真正有价值的课程之间做无谓的取舍。即使你没有产生一个直接的创业想法，这个思考框架给出的

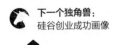
见解往往也是有用的。

▶▷ 围绕偶然的框架:"啊哈!"时刻

没有什么创业天使会从天而降给你一个好点子。但这并不意味着创意不能来自突然的灵感。事实上,一项针对科学家和艺术家的研究发现,他们有 20% 的突破性想法是他们的思绪在游离时产生的,这就是令人惊讶的"啊哈!"时刻。好的想法可能是在你洗澡、遛狗或坐在苹果树下时产生的。但要捕捉到这类时刻,你需要做好准备,用正确的知识来引导你的大脑,使其与突然产生的灵感联系起来。这个过程被称为"扫描",它包括确保你不断地从不同的来源吸收新的信息。这就增加了你与灵感建立联系的机会,从而让你的思维有一个直观的飞跃,或发现一个问题,引导你产生独特的想法。

"扫描"的一个方法是适当地使用社交媒体。麻省理工学院的一项研究发现，关注多样化人群的推特用户比拥有封闭网络的用户更善于产生想法。多样化被定义为关注不同学科、行业和观点的人，而不是局限在任何一个特定的社群。你可以通过关注那些被称为思想领袖的人——著名的首席执行官、政治家、分析家、学者和不同领域的作者来做到这一点。然后，看看这些思想领袖与谁互动，也关注这些人，因为一个专家往往可以识别其他专家。一位参与研究的对象建议采用70/30的比例，即你的关注者中70%应该是你所在行业的人，30%应该是来自其他行业或拥有与众不同观点的人。不过，你不需要只使用推特来接受多样化的信息。你也可以通过浏览学术期刊、阅读互联网论坛，甚至与现实生活中的人交谈来达到同样的目的。一项关于创业训练营的研究发现，那些对新事物持开放态度的潜在创始人在与

外向的人频繁互动时会产生很多好的创业想法。

还有一些可供创始人使用的创意库，通常是那些可能花费了数百万美元打造的专利信息。你可以在大学技术转让办公室找到很多专利信息，这些办公室提供由科学家创造的专利技术的许可，当然会涉及一定费用或利润分成。例如，截至2020年年初，宾夕法尼亚大学有375项专利可供授权，涵盖从基因治疗、无人机到智能瑜伽垫的所有内容。对于那些拥有相应技能的人来说，这些创意可能是非常有价值的，而大学往往渴望找到合格的初创企业，将他们的工作商业化。即使你对这些技术不感兴趣，浏览这些技术也可以增加你找到有价值灵感的机会。

随时对你所学的东西做笔记。盖茨和维珍集团（Virgin Group）创始人理查德·布兰森（Richard Branson）都坚定地认为记笔记是创业成功的关键。如果没有书面笔记来定期复习，你就会错过那些对激发新点子至关重要的细节。虽然手写笔记已被证明可以提高对所记材料的记忆力，但其缺乏可搜索性，这对一些人来说是个问题，所以你可以在你的手机上创建笔记文件。确保写下你想到的事实、想法和概念的片段，并每月回看一次，寻找新的灵感。这虽然不能保证你能找到新想法，但适当的准备会增加你成功的机会。

▶▷ 用科学方法探索创业想法

作为一个创业者，你可以自己用科学的方式探索创业想法。**事实上，在我们所掌握的关于测试创业想法的最佳实践里，那些使用有规律的科学过程的创始人更有可能取得成功。**最近，一组意大利学者对 116 家初创企业进行了随机对照实验。一半的创始人被教授如何对他们的创业想法进行严格的实验，做出假设并系统地测试它们。

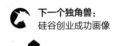
另一半人被告知要做实验，但没有被告知如何使用科学的方法来做实验。用科学的方法做实验的那组表现得更好，他们比对照组迭代得更快，避免了一些问题，最终产生了更高的收益。有条不紊且快速的实验可以将好的创意变成伟大的项目。

尽管我们知道用科学的方法来测试想法很重要，但在将科学的方法应用于初创企业方面，并没有一种方法被证明会比其他方法更有效。这些科学方法中使用最广泛的也许是由史蒂夫·布兰克（Steve Blank）和埃里克·莱斯（Eric Ries）开创的"精益创业法"（The Lean Startup）。"精益创业法"的基本思想是，成功创业的关键在于行动。创始人首先将他们对自己业务的关键问题转化为可测试的假设。然后，建立快速且低成本的最小可行性产品（Minimum Viable Product，MVP），尽快通过真正的客户进行测试。如果测试结果显示他们的想法是正确的，他们就继续。如果不是，他们就会改变方向，根据最小可行性产品的反馈，修改他们正在销售的产品或他们尝试进入的市场。不断测试产品与市场的组合，直到实现产品与市场匹配（Product-Market Fit，PMF），证明市场对他们的产品有需求。

精益创业法极具影响力，它通过强调尽快接触真正的客户，改变人们对初创企业应该如何处理其创业想法的预期。专注于从真正的客户那里获得对最小可行性产品的快速反馈，使得初创企业以渐进式改进为目标，关注客户当下的需求，而不是试图预见未来。如果你正在尝试创新，这可能很难做到，正如乔布斯指出的那样："客户的任务不是去知道自己想要什么。"此外，很多研究表明，新奇的东西最初往往不被客户喜欢。如果你有一个突破性的想法，想从早期客户那里寻求外部验证，这可能比验证一个渐进的微创新且容易解释的产品难得多。

除了这些基本的问题之外，精益创业法中还有一些值得注意的问题。例如，它强调要做大量的客户访谈而不是其他形式的实验以及制作商业模式画布。这些建议更像是一种仪式而不是科学，更像是一种信仰下的繁文缛节，没有什么证据能说明这样做更有用。不过，相比过去的方法，这些顾虑没有否认精益创业法的巨大优势，而且在通过行动来验证想法这一点上尤其突出。同时，最近其他的一些创意测试的方法也值得研究一下，看看是否有对你的创业企业更有效的策略。

无论你采用精益创业法还是其他方法，科学地测试创意的方法的基本原理是相通的。首先，你需要弄清楚你的业务中不确定性的来源。这对创始人来说可能是一个挑战，因为他们经常考虑的是他们的业务将如何成功，而不是道路上有什么障碍。但确定那些理所当然的假设对创业企业的成功至关重要。事实上，这也是那些做规划的初创企业比不做规划的初创企业更有可能存活下来的原因之一。仅仅是规划的行为就有助于在你遇到问题之前发现企业的潜在问题。关键是你要能够分辨如果要让你的创业想法可行，哪些条件是一定要有的，以及确定你对那些可能影响你成功的各种因素的了解程度。做规划有助于发现你对客户利益的实际了解程度，而不仅仅是停留在你脑海的假设中。这些潜在的假设通常会有一个很长的清单，你需要将其聚焦到一小部分关键问题上。

你可以使用各种工具来帮助自己探索想法、寻找假设，其目标是要确保你以一种有条不紊的方式尽可能多地发掘出隐藏的不确定性的来源。一个直接的方法是使用哈佛商学院的托马斯·艾森曼（Thomas Eisenmann）开发的商业模式问题清单，它涵盖了关于业务四个核心部分的关键问题，是每个初创企业都必须回答的。

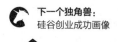

（1）他们为客户提供什么价值。

（2）他们将如何管理公司的运营和技术。

（3）他们将如何进行营销和销售。

（4）他们将如何挣钱。

如果你花时间与至少一个人详细讨论过每个问题，由此产生的讨论应该会浮现出许多关键假设。一旦你找到那些对你的初创企业成功最重要的三到五个关键假设，你就要把这些假设细化为待验证的前提条件。

▶▷ 关于商业模式的四类关键问题

哈佛商学院教授艾森曼的《创业企业商业模式分析》（*Business Model Analysis for Entrepreneurs*）列出了创始人在业务上应该能够回答的关键问题，并将问题分为四类。

客户价值主张

● 企业将为哪些未满足的需求提供服务？

● 它是强调差异化还是强调低成本？

● 它将针对哪些客户群？

● 它将服务于新的、现有的还是重新划分的市场？

● 它面市时的最小可行性产品是什么？增加功能的路线图是什么？

● 谁将提供整个产品解决方案所需的补充材料？在什么条件下提供？

● 该产品将如何定价？使用撇脂定价法[①]或渗透定价法[②]是否有意义？

———————

① 指在产品生命周期的最初阶段把产品价格定得很高，以求利润最大，尽快收回投资。——编者注
② 又称薄利多销策略，是指企业在产品上市初期，利用消费者的消费心理，有意将价格定得很低，以物美价廉的形象吸引顾客、占领市场，以谋求长期稳定的利润。——编者注

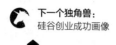

● 企业能否利用价格歧视法、捆绑销售、网络效应来经营？

● 客户会产生哪些转换成本？客户关系的预期周期是多少？

● 相对于竞争对手的产品，客户的支付意愿与他们拥有产品的总成本相比会如何？

技术和运营管理

● 开发和生产该企业的产品需要开展哪些活动？

● 哪些活动将由企业内部完成，哪些将外包？

● 谁将执行外包活动，以及根据什么条件？

● 关键活动的成本驱动因素是什么？该企业能否通过用固定成本替代可变成本来实现生产中的规模经济？

● 该企业是否会创造任何有价值的知识产权？如果是的话，将如何保持其专有性？

● 该企业在技术和运营方面是否有其他先发优势（例如，抢占稀缺投入），或后发优势（例如，逆向工程）？

● 考虑到能力和招聘的限制，该企业能否迅速扩大业务规模？

进入市场的计划（Go-to-Market Plan）

● 企业将采用怎样的直接和间接渠道组合？渠道合作伙伴需要什么样的利润以及独家权利？

● 考虑到预期的客户终身价值（customer lifetime value），获客成本（customer acquisition cost）是多少？

● 企业将采用何种免费和付费结合的方式来引导需求？其客户转化漏斗①（customer conversion

---

① 指将潜在客户转化为实际客户的过程，这个过程中有五个环节，分别是：产生兴趣、了解产品、考虑购买、下单购买、忠诚度。——编者注

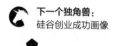

funnel）的形状是怎样的？每种付费方法下获客成本是多少？

● 如果依靠免费的方法引导需求，其"病毒系数"（viral coefficient）将是多少？

● 企业是否会面临早期采用者和早期主流群体之间的鸿沟？如果是这样，有什么计划来跨越这个鸿沟？

● 由于网络效应、高转换成本或其他先发优势，企业是否有强烈的动机去扩大规模？可规模化的限制和后发优势是否会抵消这一方向的动力？

赢利公式

● 企业将获得多少毛利？

● 企业将产生多少固定成本，这意味着多少利润率和销售量才能实现收支平衡？

● 盈亏平衡的销售量在整个可满足的市场中

占多少份额？

● 每一美元的收入需要多少营运资金和财产、厂房和设备的投资？

● 毛利、固定成本和投资／收入比率将如何随时间变化？

● 考虑到预期的增长，企业的现金流曲线将是什么样子的？曲线的低谷有多深，何时会达到？

创业中待验证的假设就像科学实验中的假设一样，其检验必须要基于一些关键的事情：一定至少要能测试你所提出的关键假设中的一个，而且它们必须是"可检验的"和"可证伪的"。"可检验的"意思是，你可以建立一个实验，在现有的时间和资源下发现你的假设是对还是错。如果你的假设要求你建立完整的产品并投放到市场上，这就不是可检验的，因为在你的产品完成之前，你无法运行这个实验。同样，如果你的假设

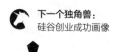

说 80% 的人会喜欢这个产品，但你不知道你如何去弄清楚这一水平的客户的喜欢是否是真的，这也是不可检验的。如果假设是通过电子邮件了解产品的潜在客户中，有 5% 的人会询问更多的信息，这是可以测试的。因为你肯定可以发送这样的电子邮件，并跟踪回复率。

一个假设也必须是"可证伪的"。创业者往往是乐观的，总是看到事物最好的一面，所以你需要避免在自己的假设中出现好的和坏的结果之间的模糊性，这样你就不会得出错误的结论。一个可证伪的假设就可以通过为成功的测试建立一个明确的数字阈值来避免这个问题。这些数字不应该是任意的。你将需要为你的业务建立一个财务模型，使你能够测试各种情况来找到有用的阈值，无论是成本（产品需要以低于 40 美元的价格生产），还是客户获取率（来到我们主页的人中有 50% 需要下订单，我们的模型才能发挥作用）。

例如，"人们会喜欢我们的产品"是一个模棱两可的说法，它无法证实，甚至无法检验。"我们40%的客户在试用原型后会同意预购产品"是可证伪的和可检验的。如果40%试用产品的人不愿意下订单，那么你的假设就是错误的。

一旦你有了假设，你就可以进行实验，看看它们是否是真的。最好的实验是那些能以最低的成本和精力告诉你最多东西的实验。一般来说，随着你学到更多的东西和测试更深的假设，实验的复杂性和难度都会增加。通常，创始人会从采访潜在客户和做市场调查开始。然后，他们可能发展到通过问卷调查、焦点小组和创建粗糙的模拟场景来进行测试。接下来可能会有原型和最小可行性产品。每种类型的实验都有自己的优点和缺点。简单的通常是更好的。如果你可以通过访谈来测试关键的假设，而不是直接投入大量资源做原型，那么一定要先作访谈。

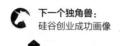

通过系统地测试假设、运行实验来证明或反驳假设，你可以了解到你的想法是否会以你预期的方式展开。如果不成功，你可以根据你在实验中了解到的情况改变想法的方向。在企业历史的早期，从低成本和快速的实验开始，转变是比较容易的。这有一个额外的优势，即帮助你在仍有可能改变方向的时候锁定一个成功的战略。尽管有许多企业已经进行了大量的调整（例如，团队协作工具 Slack 和雅虎网络相册 Flickr 都是从视频游戏开始的），但大多数企业的调整都会比较小，这代表着企业在战略上只有微小改变。事实上，保守有它的好处，最近的研究表明，创始人在调整方向时经常改变过大。一旦开始证明你的想法，你将需要资源来执行它。这就是筹款变得至关重要的原因，我们将在下一章讨论。

第二章
创业想法：寻找灵光一现

创始人检查清单：需要记住的事情

- 产生创业想法的方法有很多种，所以你可能想尝试很多方法，但首先要睡个好觉，也许还要喝杯咖啡。你也可以通过观察周围的世界，为自己突然冒出的灵感做好准备。

- 应用效果推理，通过询问"我是谁？我知道什么？我认识谁？"来找到创业点子。

- 利用施加约束的方法来提升创造力。

- 通过观察周遭世界，采访和观察客户，用归纳的方式找到好点子。

- 证据强烈支持使用科学的方法来测试你的创业想法。从关键的假设中产生可检验的和可证伪的假设，然后进行实验来改进你的想法。

第三章

筹集资金：这只是个
支线任务

CHAPTER 3

杰米·西米诺夫（Jamie Siminoff）决心成为一名成功的创业者，但他的产品都不尽如人意。他的一个创业项目是做一种旨在改善体味的草药制剂，其副作用是会让使用者的大便变成绿色。不过，他还有其余的创业项目能使他赚到足够的钱来支持新发明。让他最兴奋的项目是 Doorbot，一种与手机连接的门铃，但这个项目在寻找投资人方面遇到了困难，直到他遇到了个好机会。他被邀请参加《鲨鱼坦克》（*Shark Tank*）节目，这个火热的电视节目塑造了许多人对初创企业路演的认知（同时也使融资过程显得比实际情况更为戏剧化）。西米诺夫花了他最后的 2 万美元买了一套精心制作的布景来展示 Doorbot，结果发现"鲨鱼

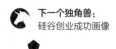
们"（投资人）不愿意资助他的想法。

这时他的银行账户里已经一分钱都没有了，他开始寻求其他的方法来资助 Doorbot，包括利用电视上的免费广告和直接向客户销售。这些成功的销售举措让西米诺夫拿到了风险投资，该公司现已改名为 Ring。在该项目被节目上的投资者拒绝后，西米诺夫仅花了 5 年就以超过 10 亿美元的价格将该项目卖给了亚马逊。在 Ring 的故事里，在它获得巨大成功的前几年有数百名投资人拒绝过它。这说明不论从创业者还是从投资人的角度来看，初创企业的筹款都非常困难。

所有初创企业都想要钱，但并不是所有的初创企业都像它们创始人认为的那样，需要从他们认为的外部渠道获得那么多的钱。事实上，大多数初创企业根本就没有寻求过外部投资者。考夫曼调查公司（Kauffman Firm Survey）的一份分析表明（针对美国初创企业的代表性调查），平均而言，高增长初创企业的最大资金来源是创始人的个人储蓄；第二大资金来源是债务，即个人债务或新公司的贷款；朋友和家人投资排在第三位。大多数公司除此之外没有其他正规的机构投资者。研究表明，资金较少的初创企业往往比资金充裕的企业更成功、更有创造力，这部分是因为缺乏资源迫使他们更有创新性。但有些初创企业需要大量资金才能起步，这是因为它们在启动前需要研究和开发（例如，生物医学行业的初创企业），或需要花费大量资金进行营销（例如，一个新的直接面向消费者的品牌）。这些初创企业几乎肯定需要来自投资者的外部资金。

投资者基本上可分为两类：专业的和业余的。专业投资者主要是指风险投资人，但他们可能包括一小部分天使投资者，他们将自己的钱投入创业企业。除了极少数个人会进行多项个人投资外，专业人士通常会管理其他人的资金，将其投资于

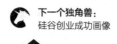
各种创业企业。他们经常在同一时间进行多项投资，并可以布局大量现金对成功的公司继续加注。业余投资者包括其他所有人，从众筹伙伴到你的姨妈，再到经验不足的天使投资人。这些人通常只对一家公司进行小额投资，并且不对最初的股份进行后续投资。研究表明，专业投资者和业余投资者的行为迥异，需要以不同的方式对待他们。正如我们将在下一章讨论的那样，说服专业人员的东西并不能说服业余人员，反之亦然。

▶▷ 筹款路线图

专业和业余投资者在筹款过程中发挥着不同但互补的作用。业余投资者往往在初创企业的早期、高风险阶段提供少量现金，而专业投资者则在初创企业开始证明自己时介入，不过会布局更多资金。筹款很快会形成一个循环。初创企业根据他们取得的进展筹集资金，他们用这些钱来实现更多的里程碑，而这又能让他们筹集到更多的资金，使他们能够实现更多的里程碑。这个循环一直会持续到企业赢利或"退出"——理想情况下，要么是通过收购，要么是通过首次公开募股（Initial Public Offering，IPO）实现，但往往这个循环会因为企业倒闭而停止。创业企业筹集资金的一个周期被称为"一轮"，这些轮次有非正式的名称，没有固定的定义，尽管它们通常遵循一个模式：

（1）"亲友轮"（有时称为"预种子轮"）是指创始人从那些相信他们想法或那些如果他们不帮忙就会感到内疚的人那里获得初始投资。这轮投资通常在 5 万至 50 万美元，投资多少取决于业务属性以及你的朋友和家人的净资产。这笔钱足以建立早期的模拟产品并开始研究你的想法，目的是进一步筹集种子资金。正如我们不久将看到的

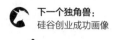

那样，众筹也可以作为亲友轮融资的替代方式发挥作用，加速器也可以。

（2）"种子轮"是正规的投资者开始向你的企业投入资金的时候，这通常涉及天使投资者，无论是专业的还是业余的。然而，其他渠道，如众筹或寻求政府拨款，在这个阶段对筹集资金也是有帮助的，特别是对于规模较小的种子轮。种子轮通常获得的资金在 150 万美元以下，使用种子资金的目的是证明你能让真正的客户对你的产品感兴趣，而且他们愿意为你的产品付费。有了这个证明，你就可以进行 A 轮融资。

（3）"A 轮"是风险资本的第一轮投资，它通常提供 500 万美元以下的资金，这对大多数天使投资人来说是无法承受的。通常情况下，企业目标是开始扩大业务规模，或建立一个最终产品，以便你可以再进行 B 轮融资。

（4）"B 轮""C 轮"等是后续投资，每一轮的金额都在增加（优步筹集到了 G 轮！）。这通常涉及与 A 轮相同的风险投资人，加上其他新的投资人。平均而言，在这个阶段，公司每一年半到两年就会筹集资金，以维持其增长，争取上市。

各轮融资依序展开就像一张路线图，一个接一个，但是，这就衍生出了一个特别危险的融资神话，即认为尽可能多地筹集资金是一件好事。这与事实相去甚远。除了少数例外，每次你筹集资金时，你都会让出你企业的一部分（你的股权），你也可能会让出一些决策权，包括在董事会的席位。如果你需要钱，这种权力的转让可能是一个很小的代价，但最终这种"稀释"过程会使创始人在自己的公司中没有什么利益，甚至使他们被解雇（超过一半的创始人在 C 轮融资时被新的首席执行官替代！）。

融资还有其他潜在的不利因素。寻求资金是

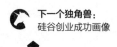
一件很耗时的事情，需要创始人花几个月的时间紧张工作。即使在出资人感兴趣之后，平均也需要 83 天才能完成一笔风险投资交易。在这段时间里，创始人的注意力往往集中在融资上，而不是企业经营的其他关键方面上。有了这个警告，我们可以转而讨论融资的具体细节，以及围绕不同筹款方法的神话和证据。

▶▷ 最初的投资来源：众筹、朋友和家人

大多数创始人的第一笔外部资金来源是朋友和家人。最开始时先接触你自己的人脉是有意义的，因为这样做被拒绝的概率较低，他们信任你的意愿也较高。但是，向朋友和家人筹钱确实要付出心理代价。

许多创始人不愿让与他们关系密切的人失望，而对于那些只对财务回报感兴趣的投资者，他们

可能没有同样的感觉。这可能导致创始人有相当大的压力，这也会体现在初创企业的早期决策中。例如，研究表明，从家庭成员那里获得资金的创始人比从陌生人那里获得投资的创始人更不可能承担风险。

在初创企业的早期阶段，除了使用朋友和家人的钱，还有其他的选择，包括寻求贷款或政府拨款。然而，对于许多初创企业来说，最容易获得和最有用的早期现金形式来自众筹。众筹是指各种在互联网上从大量人群中汇集相对较小的捐款的方式。最流行的形式是"奖励性众筹"，通常在全球两大众筹公司 Kickstarter 和 Indiegogo 等网站上进行。它涉及在未来提供奖励以补偿今天的捐助。其范围可以从一个产品（正如我们之前看到的，虚拟现实头戴式显示器品牌 Oculus Rift 是众筹的），到一张新专辑，再到电影中的一个角色。奖励性众筹对实物商品（例如，科技小工具、

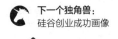

衣服、独特的产品、艺术品和棋盘游戏，这些都很受众筹者欢迎）和有形产出的创造性工作（如电影、专辑和书籍）最有效。像艺术家众筹平台Patreon这样的网站已经将奖励众筹模式扩展到支持艺术家和创作者，允许粉丝成为他们喜欢的创作者的"赞助人"，他们每月支付费用以获得独家内容。还有其他的众筹方式，包括提供股权，但这些对企业家来说往往不那么常见，通常需要在更专业的情况下才能发挥作用。对于大多数靠众筹来开展业务的人来说，奖励众筹是一种常见的做法。

任何发起众筹的操盘手面临的首要挑战就是确定一个众筹金额的目标。在许多网站上，如众筹平台Kickstarter，项目必须达到目标才能获得捐助资金。创始人往往认为他们应该把众筹目标定得越低越好，然后希望达到一个比目标大得多的倍数的筹款（就像头戴显示器Oculus Rift那样，虽然目标只有 25 万美元，但却筹集了超过 200 万美元）。创始人认为低目标和大倍数会给资助者留下深刻印象，但我的研究表明并非如此。在对数万名众筹创作者的调查中，我发现众筹的金额确实可以预测哪些公司后来会吸引风险投资，但超过目标的倍数却一点都不重要。另外，设定过低的目标还有一个弊端。只有 1% 的众筹项目能获得其初始目标的 10 倍筹款，那些试图通过设定低目标来玩弄系统的创业者可能会发现自己陷于这样的尴尬局面：一方面筹得的资金量很少，另一方面又要向支持他们的人履行义务。**在设定目标时，最好估计一下你认为生产产品所需的实际金额。**

　　除了目标的设定，还有大量的工作要做。成功的众筹者在启动项目之前，早就为成功奠定了基础。我发现，大多数成功的创始人在推出众筹项目之前的几周内，会每周花 10 个到 25 个小时

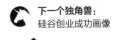

来准备活动。他们从研究其他成功的活动开始，利用这些活动为他们的产品精心撰写介绍，并制作高质量的视频，作为各种宣传的核心。我的研究表明，这些工作起到了作用。准备工作不仅能带来成功，而且能降低失败的概率。潜在捐助者很挑剔——活动文本中的一个拼写错误就会导致项目成功的概率降低 13%！因此，制订和测试宣传方案（我们将在下一章中详细介绍）尤为重要。

成功的众筹操盘手也会主动触达潜在客户，用以演练他们的活动。我的研究表明，众筹确实是从家人和朋友开始的——大部分的初始投资来自你认识的人，但它也允许其他人参与进来。与其依赖风险投资人和营销人员来生产产品和推广产品，操盘手可以直接与客户、社区建立连接，并与他们一起完善想法、评估兴趣。建立这些连接很重要，因为众筹跨出了通常有限的早期筹款市场，通过将操盘手、创始人与客户、资助者直接联系起来，使筹款成为一个更加开放的过程。众筹作为一个平台，为创新者和需要创新的人牵线搭桥，重塑进入市场的那些想法。

连接也很重要，因为筹钱只是众筹平台功能的一部分。我对成功众筹者的调查显示，筹集资金并不是大多数众筹工作中最重要的目标。相反，众筹的作用是验证需求和建立粉丝社区。在Oculus的案例中，众筹作为一个平台，让勒基热情的VR爱好者社区成了直接支持他们的人，使Oculus成为现实，而不需要通过传统的守门人。众筹在项目创建者和资助者之间建立了直接连接。支持项目的社区往往会对其支持的项目产生一种主人翁的感觉。这种感觉通常是相当积极的，因为它可以引导社区创造互补的产品（例如，使用新的众筹技术的应用程序）和推广支持。社区支持的力量也会促使项目创建者更尽责。因此，失

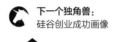

败对众筹项目创建者的影响有限，绝大多数项目都兑现了承诺，只有约 9% 的项目未能交付，创作者可以通过非凡的努力，如花自己的钱，来履行对支持者的承诺。相对较低的失败率凸显了平台提供的个人连接的重要性，但这种连接也可能存在问题：如果资金来自非个人投资（比如，来自天使投资机构），当某个创始人的第一个创业项目由于他无法控制的因素而失败时，他可能在未来仍然会得到风险投资机构的青睐。但是，如果没有向众筹支持者兑现承诺，众筹创建者很可能不太会被原谅。

众筹支持者尽管不是经过精挑细选的专家，但他们有能力识别有潜力的项目。我与哈佛商学院的拉马纳·南达（Ramana Nanda）教授进行的研究表明，他们的决策能力往往至少与专家一样出色。在艺术资助上，众筹已经使美国国家艺术基金会（National Endowment of the Arts）黯然失色。批评家们对此相当担忧，他们担心众筹会偏向于通俗文化的众筹，而不是严肃的戏剧（即更多跳舞的猫这样的音乐剧，更少有实验性作品）。南达教授和我一起，通过请专业评论家评估众筹平台 Kickstarter 上的项目，研究了群众和专家在资助内容上的观点是不是一致。我们发现，群众和专家在很大程度上是一致的，而当他们不一致时，群众比专家更有可能在项目上冒险。此外，群众（而不是专家）支持的项目最终产生了比专家批准的项目更多的评论和商业点击。

众筹能够将资金导向有可能成功的创始人，这是众筹真正能够帮助初创企业的原因之一。研究发现，通过众筹平台 Kickstarter 给予项目的每 1 美元都会在众筹平台 Kickstarter 之外带来平均 2.46 美元的额外收入，这表明众筹是一种避免未来进行额外筹款的潜在有用方式。但如果你确实想在未来筹集资金，众筹的成功验证了你的产品

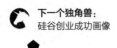
有需求。我发现，在众筹平台 Kickstarter 上的所有项目中，有 11% 的项目筹集了外部资金，其中 6% 左右的项目获得了风险投资——绝大多数项目都不属于通常由风险投资机构投资的行业。因此，将众筹作为一种早期的资金来源至少是值得创业者考虑的，而且它可以将企业引向更标准的筹款形式，如天使投资和加速器。

▶▷ 外部投资来源：天使投资人和加速器

在大多数情况下，初创企业的第一笔外部（非家族的）投资来自天使投资人——那些有兴趣向初创企业投入资金的业余但富有的投资者。天使投资人不是一个正式的组织，而是一个广泛的人群。他们中的许多人都是前创业者，他们认为创业投资很有趣或令人兴奋。其实大多数人都不擅长做这类早期投资，绝大多数天使投资都会亏损，而且与风险投资机构不同，他们无法将资金分散到许多创业企业。美国创投平台 AngelList 是一个为投资者和初创企业牵线搭桥的平台。它研究了数千家从天使投资人那里筹集资金的初创企业后发现，只有不到 10% 的天使投资人在挑选被投资公司时的表现能超过投资所有可能的天使项目的投资基金。

天使投资人在决定投资时的考虑因素是什么？有趣的是，他们最重要的考虑因素是可信度。天使投资人在一个企业成立的早期就把钱投进去，这时往往没有什么证据能表明这个初创企业真的能做起来。因此，天使投资人会经常寻求一些保证，让他们可以相信企业创始人能很好地管理他们的资金，并以能带领公司走向成功的方式使用资金。他们依靠"本能"或"直觉"来指引，而不是强调正式的分析。当天使投资人成为天使投资集团的一部分，他们共同投资，并集体做出看起来更像风险投资机

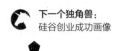

构的决定时,这种情况就会有所改变。考虑天使投资人是如何做出决定的,可以帮助你向早期投资者做出更有说服力的演示,我们将在下一章讲解这一部分。

在创业早期,还有两个主要的资金支持来源:孵化器和加速器。孵化器至少从 20 世纪 50 年代就开始存在了。它们提供了初创企业要获得成功早期所需支持的一种方式。通常情况下,孵化器对某些特定区域的个人开放。例如,某个大学或地区可能有一个孵化器,这是一个为个人提供支持、办公场地(通常都有)、资源、讲座和指导帮助的空间。孵化器帮助初创企业度过其成长的早期阶段。

加速器同样专注于早期创业企业,不过它们的目标不同于孵化器,它们是要赚钱的企业。创办企业的成本一直在下降,这使得大的投资机构更难将资金部署到初创企业并获得它们想要的那种高额回报，加速器应运而生。例如，格雷厄姆有一个想法，在一个企业获得成功之前，甚至在他们有一个完整的创业想法之前就对其进行投资。就这样，创业投资加速器公司 YC 成立了，它是世界上第一个加速器，而且这个概念很快就传播开来。作为入选加速营的回报，创始人通过放弃其企业的少量股份，换取资金和资源的支持。加速营通常日程排期很紧张，为期三个月或四个月，同期会有其他创业企业一起参与，在加速营结束时，创始人向投资者进行公开推介。凭借加速营期间的培训和资源组合，好的加速器已被证明可以帮助创始人在竞争中脱颖而出。

市面上有成百上千的加速器，但是它们不尽相同，有很明显的层级之分。最好的加速器，如AngelPad 和 YC，可以选择它们想让哪些创业企业加入。其他加速器则接受那些可能无法进入这些项目的企业。这就是你选择是否应该加入一个

加速器的关键。尽管有一些加速器不太知名，但如果它与你的战略相匹配，也是有用的，不过知名加速器通常更值得加入，尤其是在你没有多少创业经验的情况下。这类加速器可以让你进入高端创业圈子、让你认识在其中活跃的风险投资人。事实上，现在所有风险投资所投项目中的 28% 源于加速器。

▶▷ 最后的来源：顶级猎人和风险投资人

从融资轮次的进展中可以看出，风险投资人在创业企业的生态系统中扮演着特殊的角色。他们是唯一向雄心勃勃的初创企业提供大量资金的资助者。这通常被称为"火箭燃料"，因为它只对火箭有用——快速成长的初创企业有占领世界的大志向。风险投资在全球投资的占比较小。在美国管理的所有风险投资资金总额还不到第 50 大共同基金管理的资金数额，但风险投资在整个经济发展中发挥着重要作用。如果没有风险投资对初创企业的推动，美国的经济增长会降低28%！而对于需要数百万美元来启动业务的初创企业来说，风险投资可能是不可或缺的。研究发现，在一对类似的企业中，一家获得了风险投资，而另一家没有，获得风险投资会使创业者成功退出的机会增加2~6倍。

作为资金食物链中的顶级猎人，风险投资人也被神话了，并受到极大推崇。最著名的风险投资人会主持会议、写书，并时不时在推特上提出往往令人难以捉摸，甚至有时不太正确的建议。记者凯西·牛顿（Casey Newton）恰如其分地描述了这种矛盾——现实生活中的风险投资人："你好"。推特上的风险投资人："成功是用眼泪做的筷子，障碍是变相的恋人，创业企业是你心中许下的愿望"。这种善意的总结隐藏着一个秘密：像

风险投资人这样的专家在预测哪些创业企业会成功方面，并不比任何其他合理的知情者更好。

几年前，一组研究人员在尼日利亚的一次创业企业推介会上进行了一项有趣的实验。每家创业企业都由三个不同的小组进行评分：创业企业专家（如风险投资企业和创业专业人士）、经济学家小组和机器学习系统。假设一家创业企业足够优秀，能够进入最初的推介比赛——这是创业企业达到一定基本水准的信号，在预测哪些创业企业最终会成功方面，三个小组的表现都不比随机预测好多少。这项研究以及其他研究强烈表明，在初创企业的早期，要挑选出最终的赢家是非常困难的。

那么，风险投资人是如何赢得他们的声誉的呢？也许更重要的是，为什么有些风险投资人似乎能赚到那么多钱？部分原因是他们巧妙创建了社会认知，另一部分原因则是他们有特殊的赚钱方式。拉马纳·南达、桑普萨·萨米拉（Sampsa Samila）和奥拉夫·索伦森（Olav Sorenson）教授描述了这种创建社会认知的技巧。他们发现，那些投中了后来获得巨大成功的项目的风险资本人，比如，比其他人更早发现了脸书或优步是好项目的投资人，通常不会再次那么走运。这是因为预测早期创业企业的成功很难。然而，由于他们很幸运地发现了一个绝佳的投资机会，创业圈的其他人都认为该投资人具有特殊的洞察力。之后，其他创始人都会寻找这种"有洞察力"的投资者，因为这种投资者的投资不仅是一种投资，它也是一种他们未来会成功的标志。相比其他投资人，创始人宁愿接受更低的估值，超过14%的折扣，来获得高知名度的投资人投资。这意味着幸运的风险投资人不仅有很好的企业排着队接受他的投资，而且还能以低折扣价获得投资。这是一个良性循环（至少对风险投资人来说是如此！）。过去

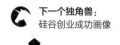

走运的风险投资人在未来可以继续赚钱，同时也加强了他们作为赢家的地位。

但社会地位只是风险投资企业实现赢利的一种方式。另一种方法被戏称为"撒网和祈祷"，即尽早对许多初创企业进行大量的小规模风险投资。风险投资企业不可能在这些小额的投资上真正赚钱，因为他们管理的基金有数亿美元。相反，在这些初始投资中，风险投资企业建立了所谓的"按比例分配权"。"按比例分配权"允许最初进行了投资的风险投资人在未来有权利选择继续对你的企业进行投资。通过多次小笔的投资，风险投资人实质上是在对初创企业未来的成功概率进行投票。他们可以向成功的企业注入更多资金，并放弃表现不佳的企业。这也是风险投资对初创企业具有危险性的另一个原因。一旦你拿了风险投资人的钱，你最好祈祷他们在未来继续投资，因为大家都知道，风险资本通过加倍投资于成功的企业来赚钱。否则，在是否值得投资该企业这点上，早期投资人停止投资的行为会对其他投资人释放负面信号。

▶▷ 如何获得风险投资

许多初创企业认为仅靠努力干活就能让你与风险投资人会面，但事实截然不同。风险投资人也是普通人（就大多数意图和目的而言！），引起他们的注意和兴趣本来就是一个社交的过程。事实上，投资者把钱投入风险投资基金的一个原因是他们的创业企业人脉不如风险投资人的广。这些投资者希望风险投资人辛苦走出去寻找那些能够赚大钱的创始人。因此，典型的风险投资人在工作日有一半以上的时间在建立人脉圈子，寻找投资机会。

为了约见投资人，创始人不能简单地给风险

投资人发电子邮件，这样做是不可能得到回复的。风险投资人通常只对"热情"介绍而来的，或那些通过值得信赖的关系介绍而来的项目做出回应。陌生拜访获得投资的可能性是"热情"推介获得投资的可能性的 1/16。获得"热情"的推介对风险投资人来说意义很大，因为它可以确保别人已经仔细了解过你的企业，并可以作为一个测试，了解初创企业是否能够建立正确的投资人关系。如果你没有"热情"的介绍人，你就需要建立这些关系，然而，没有什么神奇的方法可以做到这一点。利用领英（LinkedIn）联系人、朋友、客户、学校关系和线上活动可以帮助你。这也是加速器可以发挥作用的地方，因为有证据表明，参加加速器有助于你见到风险投资人。你需要有人愿意给风险投资人发电子邮件说，他们为你担保，否则你不可能取得很大进展。

假设你能获得别人"热情"的介绍，你如何

获得风险投资人的投资呢？风险投资人是很挑剔
的。对于每 1 笔投资，他们要考虑 101 家可能的
企业，与 28 家企业的管理层会面，对 10 家企业
的合伙人做认真的审查，并对 5 家企业进行尽职
调查。如果运气足够好，你能轻松拿到融资。如
果你没有足够的运气做到这一点，还有一种方法
也同样有效，但需要更努力。

本·哈伦（Ben Hallen）和凯西·艾森哈特
（Kathy Eisenhardt）教授研究了各种初创企业，并
开发了一个获得风险投资的多步骤过程。第一步
的目标是找到尽可能多的潜在联系人，他们把这
个步骤称为"随意约会"（casual dating）。在随意
约会阶段，你要利用你自己的"热情"介绍，在
一个个简短的会议中，比如，约个喝咖啡的时间，
与尽可能多的风险投资人建立联系。其目的不是
进行纯粹的社交攀谈，也不是直接去寻求投资，
相反，这是为了建立关系，以便你在创业的过程

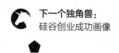

中进一步利用它。做到这一点的好方法是向潜在的资助者征求有关战略的建议。而且，这种交流应该会使你看起来很好（"我应该优先考虑这两个令人兴奋的客户中的哪一个？"而不是"我应该解雇这两个坏员工中的哪一个？"）。一旦你有了这些关系，你就可以让他们了解你在追求的成功是什么，从而为你真正需要资金时建立起声誉。

待时间合适，你就到了哈伦和艾森哈特所说的"证明时机"（proof point timing）阶段，在你向风险投资人要钱之前，与他们分享你企业的源源不断的好消息。这可以是销售活动、新闻报道、奖项、新产品及其他各种消息。要让这一切同时发生可能很有挑战性，可能需要你加快一些计划，放慢一些其他的计划，但这能增加投资人对你的兴趣。你还需要了解投资人。利用偶然的约会、研究和与其他创业者建立的连接，你应该能够对哪些基金对什么样的初创企业感兴趣以及为什么感兴趣形成一个概念。在融资的最后阶段使用这些信息，让潜在的投资人之间产生有序的竞争。你可以把其他各种筹款途径一起梳理好来做到这一点，所以你也不一定需要风险资本。然后，你开始先与不太理想的投资人接触，让投资人对你的企业产生兴趣，你可以用它来吸引更加知名的风险投资人加入，最好是能创造他们之间的竞争，增加你的价值。所有这一切的最终结果是向你的投资人进行有说服力的推销，我们将在下一章详细讨论。

▶▷ 偏见是如何影响筹款的

我们都愿意相信，最好的创业想法会得到资助。但是，筹款是一个社会过程，就像任何社会过程一样，它免不了遇到各种偏见和其他障碍——对一些人的影响比其他人更大。例如，由

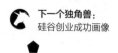

于风险投资企业必须能够见到创始人并监督他们投资组合里的初创项目，因此他们的大多数投资都是在当地进行的，一般就是风险投资企业总部80英里（1英里 ≈ 1.609千米）半径内的项目。而且由于大多数风险资本都集中在世界的几个地方（硅谷是最主要的地方），许多新成立的企业不得不实际搬迁以期获得资金。

但其他偏见往往不会源于客观因素，而更多是源于做决定的人。这在创业领域尤其明显，因为很难事先知道哪些创业企业会成功，哪些不会。因此，投资机构决策人在考虑支持哪家创业企业时，会使用难以量化的真实数据、直觉和模式识别的组合。因此，很多潜在的偏见会悄悄进入这个决策过程。其中许多偏见是无意识的，这使得它们更难被发现。

性别是造成偏见的最大原因之一。在美国，女性占创始团队的38%，但只有5% ~ 8%的风险投资资金流向了有女性联合创始人的公司。尽管女性创业者在获得资金后的表现至少与男性一样好。由于微妙的文化或家庭义务，女性可能不愿意尝试创业。女性还创办了更多与零售和食品有关的企业，这些行业历来拿到较少的风险资本投资。但即使是女性创办的企业，她们在获得资金方面也比男性困难。

这种现实有些是由于历史和社会学背景结合造成的。大多数风险投资企业都是白人男性。社会学的一个基本原则是同质性（homophily）。人们喜欢与自己相似的人打交道，所以男性倾向于与其他男性交往。当一个社会网络开始形成时，它主要由那些看起来像彼此的人组成，这不是出于有意识的歧视，而是出于无意识的偏见。这使得女性更难进入一个有证据显示主要是由非正式关系和"热情"介绍组成的网络——即使创业者希望进入这样的网络，即使风险资本家希望资助

更多女性创业者。他们会环顾四周，说："我不认识任何女性创业者。"嗯，那是因为他们的人脉是基于这种同质性原则形成的。他们倾向于认识像自己一样的人，而他们从未见过那些成功的女性创业者，因为她们不是他们人脉中的一部分。在我和纽约大学教授格林伯格的研究中，我们发现，当哪怕只有一小部分女性开始积极帮助其他女性获得资金时，这种情况就会逆转。最近的关于创建更多由女性领导的风险投资企业的努力可能有助于女性创业者获得融资。

对女性创始人的偏见不仅仅是人脉上的。即使在与风险投资企业谈判的会议上，女性也受到区别对待。此外，我和沃顿商学院的同事瓦伦蒂娜·阿森诺娃（Valentina Assenova）共同撰写的一篇研究论文表明，男女创始人的融资差距至少有一部分原因是男性不太愿意资助女性创业企业。我们研究了涉及 27082 人的"创业游戏"（Startup

Game）。这是我开发的一个模拟游戏，让大学生扮演创业企业的创始人和投资人的角色，并让他们彼此进行交易。我们发现，与同班的男性相比，女性给她们模拟的创业企业的估值要低11%（她们放弃了更多的股份，得到的钱更少）。女性和男性被随机分配到预设企业投资人或创始人的角色，所以他们创办企业的意愿程度或他们想创办什么类型的企业不能解释这个问题。同时，我们也可以排除其他偏见的原因。比如，我们发现男性和女性同样有可能相互达成交易，而且他们在谈判能力方面没有差异。一个简单的答案似乎是，男性投资人对女性经营的企业的评价低于男性经营的企业（女性投资人没有这样的偏见！）。然后我们也看了有更多或更少女性参与的游戏。游戏中女性风险投资人每多1%，女性创始人就多筹集272%的资金。女性风险投资人的比例是缩小游戏中差距的关键，这再次表明让更多女性成为风险

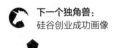

投资人是一个潜在的解决方案。

虽然对其原因的研究较少，但非裔美国人和西班牙裔创业者也存在资金缺口，因此偏见延伸到了多个弱势群体。好消息是，创业圈也已经认识到，创业必须让女性和少数群体成员更容易接受，而且各种倡议和社会团体正在以越来越快的速度出现。例如，"金种子"（Golden Seeds）是一个由女性经营的天使人圈子，完全专注于为女性领导的初创企业寻求种子资金。到目前为止，它已经投资了超过 1.2 亿美元。对于属于弱势群体的创始人来说，找到志同道合的人，帮助他们建立网络和获得资金是非常有用的。如果你是一个希望资助创业者的投资人，有可以资助更多的女性和少数族裔创业者的机会，投资她们不仅是因为这是一件正确的事情，还因为投资于这些代表性不足的群体可以提供一个创新的优势，使你能够接触到新的受众和其他创始人无法找到的机会。

在下一章中，我们将讨论项目路演，这是你最终说服投资人支持你的方式。

创始人检查清单：需要记住的事情

- 筹款过程在不同阶段进行，但只有在符合你的战略时，你才应该去筹集资金。

- 考虑使用如众筹这样的融资替代方式，以避免丧失企业的权益。

- 加速器可能是一个很好的选择，特别是如果它们有很好的声誉。

- 风险投资是企业快速成长的火箭燃料，但获得它是有代价的。如果你想获得风险投资，你将需要执行一项谨慎的战略，以增加你的成功机会。

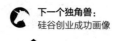

- 投资人对女性和少数族裔创始人存在潜
  在偏见，但这些创始人也能找到其他人
  无法发现的机会。

第四章

项目路演：谈成的创业

CHAPTER 4

一开始，创业只是说说而已。正如著名的组织理论学家卡尔·韦克（Karl Weick）及其同事所说的那样，创业企业是"谈成现实的"（talked into existence）。你需要在你的企业做任何事情之前告诉投资人你的企业是做什么的；你需要在任何人真正得到你的产品之前，告诉潜在客户使用你的产品的好处；你需要说服团队加入你的创业之旅，而这个旅程才刚刚开始。

这就是推销的艺术，最近大量的研究都在探讨初创企业如何向不同的群体"推销"他们的想法来实现他们的目标。

成功的推销甚至可以改变人们的想法。最近的一项研究将投资人放入核磁共振仪中，扫描当

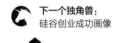
他们听到创业企业的推介时的大脑活动，当投资者的大脑在推销时亮起时，表明神经系统已参与其中，他们更有可能进行投资。同样，研究人员发现，巧妙利用人类大脑的工作方式（包括认知捷径和偏见）进行的推介更有可能取得成功。

如果你想创立一家企业，但又不太喜欢在众人面前讲话，那么就会面临一个残酷的事实——创始人的推销演讲是无法避免的。但有几个方法可以让你对这个过程更加适应：

（1）通过练习和训练，你可以做得更好！对照研究表明，学习如何推销（正如我们将在本章讨论的那样）实际上会提高投资人愿意支持你的程度。

（2）你认为你演讲不好的地方实际上可能使它们更具说服力。在初创企业的世界里，风格并不总是胜过内容。

▶▷ 风格的迷思

完美的演讲是一个神话。没有一个演讲适合所有听众，而那些你认为的可能的完美演讲实际上并没有什么说服力。充满激情的创业者向专业的投资人听众发表精彩而有远见的演讲，很有可能会输给那些无趣但有组织的演讲者。

有史以来最具影响力的技术路演是以下面这段激动人心的话开始的："我将向你们描述的研究项目的特点是：如果在你的办公室里，你作为一个知识工作者，有一块电脑显示屏，背后由一台整天围绕着你的电脑提供支持，并对你的每一个行动立即负责……立即反馈，你能从中获得多大的价值？"

这让你心潮澎湃，我敢肯定！这次演讲实际上被称为"所有路演之母"（Mother of All Demos），并以听众的起立鼓掌结束。在演讲中，早期的

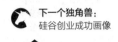
计算机先驱道格拉斯·恩格尔巴特（Douglas
Engelbart）首次介绍了计算机的鼠标使用、显示
器、文字处理、视频会议、文件编辑等功能，所
有这些都是在 1968 年进行的！今天，我们会说，
这个演讲没什么激情，但准备得很充分。准备充
分是指有内容、有思想、有流程、有逻辑和布局
清晰。一个充满激情的演讲是有活力的、令人兴
奋的，并且高度互动的。重视准备工作的听众可
能不太会欣赏充满激情的演讲，反之亦然。

**据研究显示，专业投资人似乎根本不在乎激
情——这对他们的投资意愿没有任何影响。**传统
观念认为，创始人应该进行令人愉悦、积极的路
演，但最近的研究表明，这可能是一个错误的认
知——过于令人愉悦和积极的推介实际上会适得
其反。语气较为消极的创新创业理念推介会更有
可能筹集到资金——它们被视为更现实、更有分
析性。专业人士可以透过推介会的表面，将其与

他们所看到的其他数千家创业企业进行比较。这时候，华而不实的方面就不那么重要了；相反，投资人正在寻找初创企业能够确定实现其目标的迹象。另外，业余投资人和天使投资人似乎更关心充满激情的推介，因为他们的判断不那么专业。他们希望看到创始人对自己的企业感到兴奋的迹象，更有可能被魅力和激情动摇决策。

表面的风格点到为止即可，路演专家会考虑他们在推销时更深层次的目标——如何改变听众的想法。研究人员发现，创业推销是在两道鸿沟（chasms）之间进行的高空作业。

第一，创始人需要表现得理性且适当——社会学家称为"正当性"（legitimate），是市场上理所当然的一部分。例如，出租车长期以来一直是一种正当的出行方式，但为乘客提供捎带到目的地的服务就被视为不太正当的做法，但因为优步，这一做法最近也变得正当了。要体现正当性，就

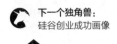
需要精心准备。被视为"正当的"很重要，因为这意味着你的创业企业是务实的，可能会成功找到客户，并避免被监管。但这也意味着你的产品很无趣，很容易被复制，而且不太可能成为下一个优步。

这就来到了第二个鸿沟："**独特性**"（distinctiveness）。当初创企业的产品与市场上的其他产品不同时，它就是与众不同的。投资人喜欢他们认为有远见的人，因为这意味着这些初创企业将遭遇更少的竞争，并将能更成功地在短时间内占据市场的一大部分，从而存在提供巨大回报的可能性。但与众不同的初创企业可能并不正当。这就是陷阱：初创企业需要既显得有远见又正当才能成功。

初创企业可以利用各种认知技巧来处理这个问题，在某些方面强调项目的正当性，在其他方面强调企业的愿景。例如蟋蟀面粉项目，蟋蟀面粉是一种完全由蟋蟀磨碎制成的面粉替代品。蟋蟀饼干听起来有些反常，但一个好的路演会使它看起来合乎逻辑。但即便是这么反常的项目，也有一些部分是很无趣的。比如，通过在杂货店以低利润率销售产品来赚钱。因此，当专注展示业务的一小部分时，强调更有远见的战略或许更值得。创始人只有思考如何平衡即兴的激情和严谨的准备，以及正当性和愿景，才能做出更有说服力的推介。

▶▷ 挑战电梯路演

电梯路演（elevator pitch）是第一个需要掌握一些技巧的路演。电梯路演是在短时间内对你的业务做简短描述，如果你没有很多时间去讲述完整的商业计划，比如说，如果你在电梯里，你就可以这样做。要做好电梯路演，你就必须想明白

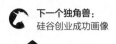

你为什么要费力地做一个电梯路演。你可能有一个 100 页的商业计划书存在了脑海里或写了下来。对你的业务进行 20 秒或 30 秒的陈述，不可能说服人们给你投钱，或立即约定另一次会面。但这让你有机会在你离开电梯后，继续这个对话。

你怎么从听众问的问题中分辨对方是否真正理解了你说的？"哦，你有时间做这个吗？"或"你是在哪里想出这个主意的？"这样的问题并不能触及你业务的核心。你想要的是一个能表明有人理解你的路演并能跟进的问题。创始人可以使用各种修辞技巧来使这些路演更具说服力。

说服别人了解你业务的第一个技巧：**利用类比**。对创业企业来说，简短的电梯路演是一种高概念的推销，相比硅谷的严谨，它更像是好莱坞风格。高概念的推销利用了类比的力量，是一种类似用三个字来概括一部复杂电影剧本的方法。最能说明这一点的是电影制片人雷德利·斯科特

（Ridley Scott）的一个传闻故事。他提议了做一个外星野兽狩猎人类的超级惊悚片。他通过类比前一年的大片，成功说服了电影公司投资他的电影。《异形》（*Alien*）就是太空版的《大白鲨》（*Jaws in space*）。在三个词中，他唤起了人们对电影内容的想象：一个长着尖牙的猎人，一次次地把心存怀疑的人类抓走，直到最后只剩下主人公一个人奋力一搏。这个类比起到了很大的作用。

以同样的方式，初创企业可以利用类比来启动自己的业务。做到这一点的方法之一是**使用你自己的高概念推销**。领英的高概念推销（"专业人士的脸书"）很有效，因为它立即传达了社交网络工作的复杂性，以及它所针对的市场与脸书不同的原因。特斯拉跑车的原型是一辆"电动法拉利"，这个比喻非常有力，以至于你知道这辆车的成本（昂贵）、目标客户群（中年男子）、速度（很快），甚至颜色（肯定是红色）。这种情况

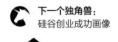

非常普遍，以至于有一整类创业企业将自己定义为"×××的优步"：遛狗的优步（Wag），医生的优步（Zocdoc），直升机的优步（现在只是优步的一个分支），甚至还有冰激凌的优步（Mix'N'Match）。在强大的类比起作用的地方，它们可以建立即时的连接，这是极有价值的。

另一个重要的修辞技巧是：**利用类别的优势**。人类的思维是从类别出发的，研究表明，将你的初创企业放在正确的类别中会有巨大的优势。比如，随着数码相机的出现，柯达公司（它首先发明了数码相机，但并没有将其商业化）的财富也逐渐减少。2018年，柯达的股价在一天内上涨了70%，因为它出人意料地宣布它现在是一家区块链公司，将出售 KodakCoin 加密货币和 KashMiner 电脑挖矿工具。这种突然的重新分类改变了人们对柯达的看法，并在短时间内完全改变了它的估值方式。

　　撇开突然转向加密货币不谈（尽管有很多创业企业在这样做！），创始人可以仔细选择将自己的产品与其他哪些产品进行比较，这对他们的长期成功有很大影响。例如，一项研究测试了一个食物扫描应用程序的想法，它设想用一个附加的光谱仪来提供各种食物的确切营养含量。科学家们为其起了两个不同的名字，一个称这个设备为"卡路里计数器"，另一个称其为"智能食物分析仪"。通过将其归类为新事物，顾客的支付意愿大大增强。

　　然而，分类也可以引入负面因素。将自己归类为"颠覆性"的初创企业就要面临取舍。颠覆性的企业看起来更有远见，增加了他们获得资金的可能性。但是，颠覆性也似乎不那么务实，这使人们不愿意向高风险的企业投入大量资金。事实上，一项对以色列初创企业的研究发现，那些自称具有颠覆性的企业更有可能获得资金，但它

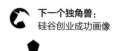

们获得的资金也比其他类别的初创企业少。

电梯路演中最有力的修辞策略是：**证明初创企业确实在实现其既定的目标**，因为这比其他任何事情都更能说明项目亟须的合法性。理想的情况是，通过展示"牵引力"（找到客户并且客户正在成倍增长）来实现这一点。在理想的情况下，所有的初创企业都可以用第二章中讨论的科学方法来证明这一点，但事实并非总是如此。相反，初创企业可以将产品的演示作为一种证明的形式。一个好的演示，就像"所有路演之母"一样，表明你的产品是真实且正当的。

如果这些都做不到，还有一招：**社会背书**——用其他人的话语来证明产品是真实和强大的。理想情况下，这些人是为你唱赞歌的早期客户，而且有知名人士的背书也会对你有所帮助。比如，你会投资一家传奇风险投资人约翰·多尔（John Doerr）说"会比互联网更大"，或者以太网

发明者鲍勃·梅特卡夫（Bob Metcalfe）称"几乎
和冷核聚变一样大"，或者杰夫·贝佐斯说"是如
此具有革命性，你投资它没有问题"的企业吗？
你多半会投资，那么恭喜你，你已经投资了电动
滑板车公司赛格威（Segway）。所以，社会背书是
很强大的，尽管它也有局限性！

▶▷ 路演的 10 页 PPT

　　路演是一件非常正式的事情。这并不是因为
有什么不变的规则，而是因为社会惯例，其中很
多都是随时间变化的。在 20 世纪 90 年代末，通
常的做法是向风险投资人发送一份商业计划书，
一份可能长达数百页的文件。说白了，没有人会
真正阅读这些材料，而且根据一份 2009 年的研
究，商业计划书的内容似乎对风险投资人的资金
投向没有影响。提交商业计划书只是一种必要的

形式，这将帮助你与投资人沟通更多的信息。如今，商业计划书早已过时了。目前的融资环境要求用 Power Point 演示文稿（简称 PPT），即所谓的路演材料（pitch decks），它可以被用于现场展示或通过电子邮件发送。到 2030 年，这种风格可能是歌唱电报（singing telegrams）或虚拟现实体验（virtual reality experiences），这都不好说。路演的内容和目标与过去是相同的，但格式很重要。它对投资人来说是一个信号，表明你已经做了工作，通过了初步筛选。

然而，就目前而言，对于处于早期的企业，你发送或者展示的 PPT 应该在 10 个主题模块之内。种子阶段的企业平均通过电子邮件发送 19 页的 PPT，在演讲中使用的 PPT 会略少些。当然，根据不同的情况，推销的性质也会发生变化。不过，PPT 大致的内容，以及它们所涵盖的 10 个主题模块，很可能会出现在任何路演中。

第一步，路演的开头必须引人入胜，这样才会引起观众的注意。它应该是一个路标，告诉听众演讲的其余部分会是什么内容。你可以通过以一种令人信服的方式解释公司的目的来做到这一点。如何做到这一点很大程度上取决于你的创业企业是做什么的，以及你在这个过程中处于什么位置，但一个好的选择是用一个故事来引导。

讲故事是一种强有力的演讲开始的方式，它们可以帮助展示你所做事情的必要性。研究表明，讲故事在初创企业的成功中起着至关重要的作用。有篇论文界定了创始人讲述的四种主要故事类型。创始人可以讲述自传式的故事，讲述他们如何想到这个点子或需求，这有助于与听众建立情感联系。如果这个故事能够帮助介绍问题，并解释为什么创始团队是解决这个问题的合适人选，这就特别有说服力。举个例子，"作为一名医生，我差点因为药物的副作用而导致一名病人去世，这种

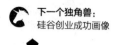

事情每天都会发生成千上万次，作为该领域的顶级研究人员之一，我发誓要解决这个问题。"创始人还可以讲述关于他们将如何改变未来的故事。一个有远见的愿景既能突出创始人的专业知识又能体现市场需求。比如，"今天，大多数餐馆老板不了解他们自己菜品的利润，但我们的产品将确保在三年内 90% 的餐馆老板会了解他们菜品的利润，在减少食物浪费的同时，提高利润率。"市场故事强调一个产品在客户那里的接受程度，能显示出业务的牵引力。比如，"我们第一批客户中的一位把我带到一边，告诉我该产品的性能提高了20%，她一直在谈论它。"最后，战略层面的故事展示了一个企业如何利用所需的资源。比如，"我们从与两个著名投资人的合作中学到了很多东西，包括如果我们专注于更好的用户界面，我们如何能够超越我们最大的竞争对手。"

到这步，你已经成功吸引了你的听众，下一

步是介绍你要解决的问题。这是你要解决的客户需求。巧妙地设置问题可以以恰当的方式来确立你的竞争对手和故事。让我们想象一下，特斯拉在推销它的第一辆电动汽车时，它可以这样设定要解决的问题：人们对零排放高端车辆的需求，或者人们对加速性能更强的跑车的需求。前者是一个围绕环境友好的故事，竞争对手包括丰田普锐斯；后者是一个关于原始动力的故事，竞争对手包括法拉利和保时捷。当然，你可以讲一个环保和动力的故事，但对于早期的初创企业，很难同时传达太多的信息。相反，强调一个单一的关键问题会更容易。在任何情况下，你要提供关于你如何知道问题存在的支持数据，最好是来自你所进行的研究，以表明你了解你的市场。

下一步，你再谈解决方案，或者说你如何解决这个问题。这一步顺带的一个好处是，这也表明你已经创造了一些真实的东西，并对其进行了

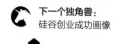

测试（希望你在向潜在投资人推销时已经做到了这一点）。解决方案的性质将取决于你如何设置问题，但它应该是对你在 PPT 中提出的问题的直接回应。有趣的是，关于解决方案的 PPT 是投资人花最少时间看的一张，因为最好的解决方案应该让人感觉是一种突然的启示，你会在路演中之后的部分以更详尽的方式展示解决方案。在这个解决方案部分你也可以考虑做一个具体的展示。

第四张关键的 PPT 是你的魔术（magic，有时也称为"为什么现在"）PPT。你在你的魔术 PPT 中写些什么，在很大程度上取决于你的创业能力，但目标是要显示你有某种对其他人不公平的地方的竞争优势。最理想的魔术形式是你的产品已经在市场上运作，以显示你有牵引力。而最好的牵引力的形式是显示你的销售数据或使用有指数增长，尽管这往往是一个挑战。其他形式的魔力可以包括专利发明，或表明你是在市场的理想时间进入的，或表明你的竞争对手将无法应对你对他构成的威胁。如果合适的话，你可能要认真考虑申请专利来作为特殊优势的证明。最近的一项研究表明，获得专利的初创企业比没有专利的初创企业增长速度快50%以上，这在很大程度上是因为它们吸引了更多的风险资本。

在证明你有一个明确的市场和一种获胜方式后，你现在必须通过证明市场规模来证明它值得获胜，有时也称为总体可获得的市场规模。你可以用两种方式来计算。第一种是"自上而下"，即你利用分析师报告和其他数据来推算市场规模。对于一个新的针对干性皮肤的高级化妆品创业企业，你可以从市场研究报告中查到人们在高级化妆品上的花费，并证明其中有多少百分比的人是干性皮肤（也许你会自己进行调查），从而得出一个市场规模。当然，这不是一个准确的方法，但当我就这张PPT采访风险投资人时，他们希望它

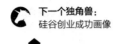

能展示几件事。首先，他们确实想知道大致的市场规模是否足够大，这往往是一个潜在的市场规模，大约为10亿美元——这是一个有点随意，但大家也公认的数字，我已经听到了好几次。其次，风险投资企业想知道你在以正确的方式思考市场，并关注正确的潜在客户。最后，这种分析表明，你有能力为你的创业企业提出有说服力的案例。但是，如果你想说服人们你的企业能赚钱，自下而上的方法可能效果更好。

这种方法使用典型客户的单位经济模型（unit level economics）来说明你将如何赚钱。获取一个客户的成本是多少？你从你卖出的每个单位的产品中赚取了多少利润？你在市场中的营业额或流失率是多少？如果你有牵引力，你可以用你从客户那里得到的真实数据来做一个更有力的证明。这通常会匹配你的"进入市场"（go-to-market）PPT内容，在那里你将讲述你如何获得未来客户，最好是使用刚才讨论的市场规模数据。

接下来，你将需要展示你所面临的竞争环境。竞争环境这页 PPT 的目标是确保你能告诉你的听众，你实际上已经考虑了你所进入的市场的格局。你需要让别人相信，市场竞争不会对你构成真正的威胁，但不能让你的听众觉得你是在跳过这件事情或者是在妄想。如果你有一系列的竞争对手，但你填补了一个独特的利基市场，而其他人没有这样做（你已经在魔术 PPT 中证明了这一点），那么你将自己与竞争对手进行比较的最简单方法也许是运用一个图表。不过，如果你有真正的竞争对手，你就必须直接解决这个问题，因为听众肯定会问这个问题。你需要更深入地思考你的主要竞争对手，并强调你相对于这些竞争对手的优势和战略。无论你做什么，你在这里的目标是展示竞争格局，向了解市场的人表明你已经思考过这个问题，你知道如何解决这个问题。

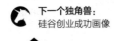

接下来是团队（team）PPT。在非财务PPT中，风险投资企业会花最多的时间看这页PPT。风险投资企业将团队列为投资决策中最重要的一个因素，风险投资企业特别渴望了解你的能力和经验。那么，这张PPT的一个重要方面是确保你在展示任何你所拥有的适当的行业背景。然而，你的团队的能力可能并不取决于你在这张PPT上说了什么，而是取决于你在整个演讲中选择了什么样的自我介绍方式。而且，如果你的团队很出色，你可能想在演讲中把团队的PPT移到更前面，因为它可能是你胜出的关键原因。

最后，你将以财务预测（financial projections）和里程碑（milestones）来结束。这将展示你现在和未来的财务问题，或者给投资人一个关于你现在和未来的具体安排。你需要多少张PPT来展示你的现状和你的财务预测，又将在很大程度上取决于你的业务。如果你的创业项目是一个相对简单直接的应用程序，这可以在一张 PPT 中完成。如果它是一个复杂的医疗设备，你需要美国食品药品监督管理局（FDA）的批准，那可能会需要多张 PPT 展示你实现既定目标的进展。但无论如何，你都要展示一些财务预测，并说明你为什么认为公司的财务会以你预测的方式运作。然后，你可能会有一张带有里程碑的 PPT，展示你到目前为止已经完成的工作和你计划在不久的将来完成的工作。

你要在结束时告诉听众你希望他们接下来做什么。你想筹集资金吗？你想让他们购买你的产品吗？你想让他们把推荐人转介绍给你吗？不管是什么，号召行动给人们留下一个明确的指示，即你希望他们能从演讲中得到什么。在这一点上，重要的是你要用开始时的那种电梯路演来收尾，以解释你在做什么和为什么——你的听众已经了解了你的产品是做什么的，以及为什么它如此令

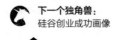
人兴奋。但请记住，虽然你花了大量的时间来制作这些 PPT，但它们本身不会为你带来投资。投资人看这些 PPT 的时间平均不到 4 分钟，但它们是整个过程的开始，而不是结束！

▶▷ 一图胜千言

成功的路演不仅仅取决于你所说的话。路演过程在你说话之前就开始了——你的企业名称。创始人经常为给企业取什么名字而苦恼。最近的研究结果表明，一个企业的名称确实对其长期成功有影响。例如，哪个是奢侈品牌？Vipsy 还是 Volaza？Izari 还是 Trabe？一篇研究品牌命名的论文发现，在美国和印度，如果名字以元音结尾，有重读元音和多个音节，并且听起来很洋气，那么这些名字多与奢侈品牌有关。因此，与奢侈品相关的词是 Volaza 和 Izari 也就不足为奇了。

即使你的企业不是一家奢侈品创业企业，你也需要考虑你的企业名称，首先是其长度。研究表明，名字短的企业比名字长的企业更有可能发展壮大，这反映了为网站挑选网址的最佳做法，短名字的网址访问量也越大。卡兰·吉罗特拉（Karan Girotra）和卡尔·乌尔里希（Karl Ulrich）教授的研究表明，最优的域名是 7 个字符的长度，每超过 1 个字母，流量就会下降 2%。然而，这一规则不应过分限制你给企业命名，因为你可以想出与企业名称不相符的聪明的域名，如风险投资公司安德森·霍洛维茨（Andreessen Horowitz），它使用 a16z.com 而不是其长而难拼的名称。你可能还想考虑以自己的名字来命名你的企业。与自己的名字同名的企业的表现优于其他企业，特别是如果你的名字与众不同或令人难忘。

但自我命名的技巧只适用于小企业。对于高科技或高增长的初创企业来说，自我命名会导致

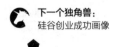

增长速度大大降低。高度创新的企业反而应该注意他们的标识（logo）。简单的标识是一种好的设计，但它们往往不利于获得投资。一项研究让投资人看到大量简单的标识和带有大量颜色和艺术品的更杂乱的标识，有趣的是，投资人相信与复杂标志相关的产品更先进。然而，88% 的受访创始人会选择简单的标志，因为它们看起来更漂亮。

克里斯托夫·佐特（Christoph Zott）和阮贵辉（Quy Nguyen Huy）教授的研究表明，成功的创始人会更进一步进行所谓的符号管理。正如我们在前一章所指出的，投资人很难确定哪家创业企业会成功；投资人会寻找创业企业会成功的迹象，比如，拥有正确的路演材料格式或合适的背书。成功的创始人会积极操纵各种符号，使其看起来符合人们对创始人的期望。事实上，最大的创业企业骗局之所以成功，很大程度上是因为符号管理。现已倒闭的希拉洛斯（Theranos）公司的创始人伊丽莎白·霍尔姆斯（Elizabeth Holmes）不遗余力地通过符号来显示其个人能力：乔布斯风格的黑色高领毛衣、做作的声音和举止、斯坦福大学辍学的简历以及照片中的白大褂（即使没有实验室经验）。这一切都让别人相信，她是真正的高手。她的高端董事会包括美国前国务卿基辛格和前国防部长詹姆斯·马蒂斯（James Mattis），但他们都不了解医疗设备。设计精美但不起作用的验血机和极具炫耀性的办公空间进一步掩盖了实质。霍尔姆斯最终使用了佐特和阮贵辉确定的所有四类符号管理。

第一类是个人——向世界展示你是一个有能力的创始人。当扎克伯格在美国国会面前作证时，他穿着西装；当扎克伯格在员工面前讲话时，他穿着他著名的连帽衫或 T 恤衫。这是个人符号的一个例子。T 恤或连帽衫是一个标志，它说："我

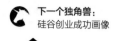

是一个成功的创始人"；西装说："我是一个在国会面前的成功商人。"在你的演讲稿中展示你以前的企业和受教育机构的标志，能够显示你的个人能力。第二类常见的符号性行动是，创始人展示他们放弃了高额的工资来加入创业企业。即使在资金充足的初创企业中，创始人似乎也会比他们在经营不同的组织时拿的钱少。他们这样做是为了给企业省钱吗？在某些情况下，是的。但在其他情况下，创始人已经筹集了大量资金，他们的工资对企业的成功没有实质性的影响，但他们仍然把现金发给了企业的其他员工。这是一种符号性的行动，向你的投资人表明，你是全心全意为企业着想的。

符号的第三类用途是在空间上。创业者需要的办公室，在投资人来访时，看起来就是创业企业办公室的样子。如果你正在启动一家初创企业，那可能是圣克拉拉（Santa Clara）的一个烧毁的

程序员办公室［来自家庭影院电视网（HBO）的
《硅谷》（*Silicon Valley*）］。如果你正在经营一家生
物医学企业，你将需要一个看起来像医学实验室
的地方，即使你的大部分工作是编程。当然，当
你有投资人来的时候，你可能想让那个实验室看
起来更像一个实验室，确保每个人都穿着白大褂，
并使用吸量管。用空间满足别人预期的想法是创
业者可以利用的另一类符号性行动。

　　创业者也可以考虑以符号性的方式展示成就，
展示你所获得的外界认可（第四类）。福布斯"30位
30岁以下"名单可以帮助验证你确实是一位成功
的创始人。但你也可以展示工作的原型，展示你的
产品在贸易展上获得的奖项，并显示你已被人们高
度认可的加速器所接受。最后，成功的创业者会展
示与成功的利益相关者的联系。比如，拥有著名的
顾问、导师和用户都可以作为你成功的社会证明。

　　在下一章中，我们将探讨扩大你的公司规模

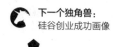

以及如何更好地发展它。

创始人检查清单：需要记住的事情

- 你将需要几种路演方式来吸引不同的听众。其中许多路演都有特定的格式，希望你能够遵守。

- 利用讲故事和类比的力量，帮助人们立即理解你的想法。

- 在可能的情况下，利用形象展示而不是平铺直叙。

- 与你的听众交谈，使用口头语言和非口头的线索来传达你的能力和愿景。

第五章

快速增长：点燃成长的火焰

CHAPTER 5

你的创业企业不一定要成长，这是可以的。对小企业主的调查显示，大多数企业都没有成长，大多数小企业主也不想成长，他们想建立一个稳定的组织，维持一定的生活标准，但他们不一定想管理 1000 名员工，并成为《财富》（*Fortune*）杂志的封面人物。而且，维持一个小组织、有稳定的收入、不给自己太大的压力，是完全可以的。另外，有证据表明，成长中的公司生存时间更长，能够更好地应对经济和市场的变化。另外，大多数拿到投资的初创企业都希望看到企业快速增长，从而实现退出。这就是为什么本书主要针对成长中的初创企业，而不是稳定的小企业。

同时，增长并不能使你免于犯错。许多初创

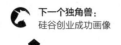

企业要么增长过快，要么增长方式不对。一旦这
些事情发生，创始人会特别痛苦。他们经常发现，
即使有 30 名员工，他们自己仍然需要参与每一个
决定。他们不知道如何下放权力，而企业能运作
只是因为这些创始人每周工作 80 小时。在这种情
况下，创始人最终会成为限制因素，扼杀企业未
来的增长。相反，最好的创始人会随着企业的成
长而改变，抛弃那些不起作用的东西，增加新的
结构和传统。他们还敏锐地意识到一个蒂尔法则
（Thiel's Law），这是根据创业者和风险投资人彼
得·蒂尔（Peter Thiel）的名字命名的："一个创业
企业在基础上搞砸了，是无法修复的。"

　　创业早期之所以如此重要，是因为初创企业
会经历一个烙印（imprinting）的过程。创业早期
的选择会制约后来的选择，就像角色烙印一样。
想象一下，你是一个创始人，正试图决定聘请谁
来担任企业中一个绝对关键的角色：人力资源主

管。人力资源可能意味着许多不同的事情。这个雇员可以只处理招聘工作；他可以帮助处理企业重要的业绩提升方面的工作，如晋升和培训；他也可以是一名律师，可以处理就业法方面的问题。假设你决定雇用一个优秀的人力资源部门人员，他除了处理法律问题外，什么都做。他在工作中表现出色，企业也开始成长。在这种情况下，你需要聘请一名律师来处理人力资源工作中的法律问题。一段时间后，你原来雇用的人力资源部门员工决定离开企业，现在你需要雇用一个人来填补他的角色。这时，你发现你无意中创造了一个完全围绕前雇员的技能组合的角色。现在你不能雇用一个处理公司法律事务的人力资源部门人员，因为你雇用的律师一直在发展自己的法律部门，而你不希望在企业中出现重叠的角色。你现在只限于招聘那些不处理企业法律事务的人力资源人员。因为离职，这个人在你的企业里留下了一个

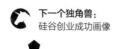
洞，这个洞就是他们的技能组合的形状，这意味着你将不得不雇用人来适应这个技能组合。你对人力资源总监的第一次选择无意中使你致力于组织一个有独立法律部门的企业。由此产生的惯性很顽固。有证据表明，一家企业甚至在成立几百年后仍能保持其最初的结构！

那么，你如何确保你的企业规模化前的最初选择是好的？

▶▷ 企业架构与人员招聘

我在此处发出警告，本节可能看起来很无聊，学者们已经为初创企业的招聘、企业架构和文化建设找到了很好的方法。而令我们不断感到沮丧的是，许多人忽视了这些方法，因为它们很枯燥，涉及细致的工作，而不是直觉上的突破。虽然我会尽力用事实让你感到惊讶（这里有一些好的事实！），我希望我也能说服你，在企业结构上采取百年老店的方式，在招聘上采取谨慎的步骤，这些是成功的最佳途径。没有真正的捷径或技巧，但那些关注人员和结构这些枯燥细节的创始人会在其他人失败的地方取得成功。战略性关注团队、明智地发展你的团队，是你为长期成功所能做的最重要的事情。

有很多证据表明，**组织中人与人之间存在着深刻的绩效差异，所以尽早获得合适的高绩效员工非常重要**。最有名的绩效差距发生在程序员之间。在硅谷有"10 倍绩效工程师"（10 × engineer）的说法——一个高产的软件工程师效率是普通人的10 倍。实际数字甚至更令人吃惊。重复的研究发现，在编程质量的某些方面，排名前 75% 的程序员和排名后 25% 的程序员之间的差异可以达到 27倍。尽管我们有理由对这些数字保持谨慎，因为最近的研究是在大约 15 年前进行的，现在与之前

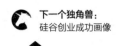
衡量绩效的标准差异很大。此外，编程能力只是绩效的一个因素。如果一个程序员不能与你的团队一起实际配合，那么即使他拥有世界上所有的能力也无济于事，这个人可能产生的破坏性会大于他增加的生产力。同时，让一个好的程序员加入和让一个平庸的程序员加入，会使你企业的生产力产生很大的不同。

初创企业往往强调技术能力，而忽略了中层管理人员。然而，这是错误的，因为管理人员可以在组织企业和使企业更加成功方面发挥关键作用。事实上，尽早聘请中层管理人员可以使推出创新产品的机会增加 33%。

对于管理人员来说，他们的绩效差异也可能是巨大的。我曾对视频游戏行业进行过研究，试图了解是什么原因导致了视频游戏企业之间的收入差异。不同的游戏企业有不同的收入水平，根据游戏的类型、开发游戏的资金投入、游戏的平台等因素而不同。但即使在你控制了这些因素之后，仍然存在巨大的差距。通常我们解释游戏之间的差距是从企业角度出发的，如美国艺电公司（Electronic Arts）或任天堂（Nintendo）。但企业并不制造产品，它们是由人制造的。

我研究了创造游戏的员工——游戏行业中的两个不同角色。我研究了中层管理人员，他们帮助企业协调事务、运行时间表，并在组织内高级经理和低级员工之间进行协调。我还研究了组织中的创造性角色：游戏设计师。这些人在组织内部从事创造性的工作，提出创造性的想法。利用数以千计的对游戏的研究，我能够从统计学上发现拉开游戏企业之间收入差异的原因，有多少是由游戏本身和生产游戏的企业造成的，有多少是由中层经理造成的，有多少是由于项目上的设计师造成的。我发现了一个有趣的现象：游戏（产品）业绩变化的影响因素21%是公司，22%是中

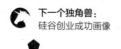

层经理，只有 7% 是设计师。即使在一个具有高度创造性的行业中，游戏的成功或失败也可以归因于这些中间经理的角色。因此，你需要在整个组织中聘用更好的员工，而不仅仅是在编程任务中。

你也要考虑你在招聘中的多元化。多元化有很多种，包括我们在筹款章节中讨论的民族、种族和性别多元化。但多元化也包括不同的背景、方法和思维方式。拥有不同经验的人往往会导致所谓的任务冲突，因为团队成员朝不同的方向努力，采取不同的方法来解决问题。在管理良好的团队中，任务冲突可能会是富有成效的。在功能失调的团队中，任务冲突可能会演变成关系冲突，人们可能会开始互相厌恶，这就造成了多元化可能带来的弊端。多元化的团队更具创新性，不过前提是创始人和经理可以避免团队陷入冲突。然而，多元化对创新的促进作用是巨大的，拥有多元化团队的初创企业更有可能筹集到风险资本并进行首次公开发行股份上市。初创企业往往很难聘用到多元化的员工，因为创业企业往往会吸引相似类型的人，所以多元化往往需要创始人做出额外的努力。

因此，如何招聘真的很重要，但很多招聘过程是由创业神话和模仿驱动的。大多数你认为很好的招聘流程，其实绝对不是。例如非结构化的面试（unstructured interviews），即每个面试官只是与候选人交谈，以找出谁是一个合适的雇员，它实际上比没有面试更糟糕！非结构化的面试使你认为你已经了解了一个人的情况，即使你没有。研究表明，人们对候选人随机回答"是"或"不是"的面试与回答真实的面试的结果评价是一样的。而其他流行的测试候选人素质的方法，比如，谷歌曾经使用过的著名的谜题（"时钟的指针一天重叠多少次？"），也没有起到作用。总的来说，

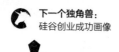

如果不做精心准备，依靠非结构化面试以及以测验或任务为特征的客观测试（或者，两者都有）来观察候选人的表现，是无法识别出一个好的候选人的。

结构化面试（structured interviews）包括建立一个记分卡或检查表。首先，你要检查你希望候选人能够做的所有事情，你要写下他们需要拥有的技能和特点。你要做到尽可能具体，不仅仅是"我想要一个有创业精神的人"，而是要研究这段描述在工作中的具体含义。这是否意味着候选人有作为创业者的经验？这是否意味着他们能在不确定的情况下负责任？不管是什么，这都是你的记分卡上的内容。而这将是你在面试中要寻找的东西。你还需要与其他面试官协商，以创建这个记分卡并建立你要使用的实际结构。你要确保人们使用相同的共享记分卡问不同的问题，这样，你就有一个正式的方法用于面试每个候选人。这种方法使得对候选人的分析更加科学，而不是使其成为一个临时的"直觉性"的过程。如果每个人都即兴提问，你就无法在多个候选人之间进行比较，当然也无法在多个候选人之间做出基于数据的决定。

好的问题会涉及候选人过去的表现。你需要要求候选人向你讲述他们在压力下表现出的领导力（或你在记分卡上确定的任何标准），但不要只是被动地听，让它成为一个互动的对话，并开始提问。当他们还是小人物时，为什么要表现出领导力？他们的老板是怎么做的？人们对他们成为领导有什么反应？你刨根问底的提问是为了获得真实的答案和真实的细节。在面试经验不足的候选人时，你可以问他们将来会如何处理一个假设的情况。同样，让它成为由记分卡上的某个因素驱动的对话的一部分。一旦你面试了所有人，就可以简单地把所有卡片上的分数加起来，然后取

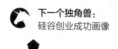

平均值，挑选出得分最高的人。这种方法在很多情况下比对候选人进行正式讨论更有用。使用结构化的面试方法可能比问脑筋急转弯更枯燥，但它更能预测一个人未来的表现。它的效果与其他成本更高的措施（如工作试用）的效果相当。

这种方法解决了用人方面的问题，但公司架构方面呢？有三个挑战是每个公司都必须面对的。第一个挑战是劳动分工。这在初创企业中可能是一个真正的问题，因为通常创始人在企业初创时什么都做，但企业未来的增长需要每个人都有专长。第二个挑战是协调，以及你如何分享知识和决定需要做什么。这包括如何实施监督，制定规则和程序，以及处理计划和预算等关键问题。第三个挑战是决策权。在创业早期，创始人做出所有的决定。后来，你希望其他人来决定事情，否则你就会有一系列令人沮丧的对话，因为人们不断为他们遇到的每个问题来找你。

还好，我们对这三个问题都有一个解决方案：**分工（division of labor）、协调（coordination）和决定权（decisions rights）**。然而，它将看起来非常无聊，因为你以前就见过它。事实上，它从 1854 年起就已经存在了："组织架构图"。作为一个创始人，当你考虑建立一个组织时，组织架构图是你最好的朋友。它包含了谁做什么，谁与谁协调，以及谁有决定权等问题。你需要考虑这些结构，并尽早将其落实到位，以便组织能够有效成长。如果没有结构，组织就有可能成长为一个奇怪的混合体，它不能帮助你管理，不能解决分工问题，不能解决协调问题，而且会让你成为短视和做出错误决定的人的受害者。认真对待公司架构和招聘，似乎只是把你限制住了，但实际上，它将使你自由地专注于重要的任务：发展你的企业。

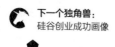
▶▷ 你的客户、员工、供应商和防火墙

与成熟的企业不同，初创企业必须在几乎没有信息的基础上制定战略，并以很少的资源执行这些战略。面对这一挑战，创始人必须在学习和行动之间取得平衡。如果有太多的行动而不反思，你可能会发现自己被锁定在一条失败的道路上。有太多的思考而没有行动，你可能什么都做不成。鉴于创始人肩负大量的责任（我在过去的四章中给你列出了创始人要做的事情！），值得关注的是，凯文·布德罗（Kevin Boudreau）教授认为创业战略中的三个关键选择是成功的关键：创造价值、交付价值和获取价值，或者，用一种更简洁的方式重新表述：你需要考虑你的客户、你的员工和供应商，以及你的防火墙。

你的员工和供应商是你的企业和帮助你执行计划的内部和外部员工。我们在上一节中对他们进行了讨论，包括如何聘用最好的人和如何组织你的企业。一旦你决定了你想通过招聘员工在企业内部处理什么事项，你就可以决定你需要与哪些外部资源（你的供应商）签订合同，以便向你的客户提供价值。一般来说，关键职能应该由内部员工承担，外包只用于一次性工作或专门职能（例如，公共关系或网站设计）。初创企业如果学会做好外包工作，就能更好地利用外部供应商，因此，如果你认为外包将是你增长计划的一个重要部分，请考虑培养这种技能。

一旦你考虑了员工和供应商，下一步就应该转向你的买家——你的客户。你的产品或服务通常有许多潜在的客户，因此，挑战在于找出你应该关注谁。想象一下，你发明了一个应用程序，这个程序可以从视频中识别出一个人的情绪，准确率达到95%。它可以用在很多不同的方面。一些企业可能想用它来做市场调查，警察可能想用

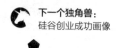
它来识别人群中的安全威胁，而父母可能想用它来监控孩子的情绪。作为一个企业创始人，你可能想尝试做所有的事情，但这是一个灾难性的想法。创业企业如果扩张太快，或失去对单一市场的关注，他们的注意力往往会被分散，从而变得更容易失败。为了避免这种命运，你可以利用乔什·甘斯（Josh Gans）、斯科特·斯特恩（Scott Stern）和简·吴（Jane Wu）教授的研究成果，其中提出了一个挑选客户的简单规则："测试两个，挑选一个。"

在这个过程中，你可以利用你从最初的想法测试和研究中所学到的东西（参见第二章）来了解谁，确切地说，谁可能会重视你的产品以及为什么。你可以基于你所学到的，为潜在客户创建一个简短的使用案例，更详细地解释他们的需求。就拿我们上面的例子来说，一些企业需要一种方法来了解客户是否真的喜欢一个新产品，警察需要知道某人是否可能是一个潜在的威胁，而父母需要知道他们的孩子不在他们身边时是否快乐。通过思考这些需求的强度，以及每个市场的客户有哪些种类的替代品，你可以找到潜在的"桥头堡市场"（beachhead markets）。这些是你打算首先接触的广泛行业内的初始客户，他们通常有最大的需求，也是你最容易接近的。我们用桥头堡市场的选择继续我们的例子。我们首先将接触小型焦点小组的客户，作为我们进入营销领域的桥头堡（因为焦点小组是以其他方式收集数据的，95%的准确性不是问题，而且该技术可以成为一个差异化的产品）；然后是商场保安的治安市场（商场可能会喜欢通过视频监测大量人群，即使它不是完全准确的）；还有还不会说话的婴儿的父母作为我们最后的桥头堡（父母总是对幼儿感到焦虑，如果他们对产品感觉良好，产品的低初始准确性也无所谓）。

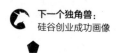
然后，你需要考虑三个战略因素，以确定这些桥头堡市场是否具有战略价值。首先，在桥头堡市场的销售将在多大程度上成为未来客户群的参考？继续我们前面的例子，商场保安可能会受到其他保安的轻视，因此，即使最初的商场保安市场有利可图，它也不会成为未来销售的参考。其次，你也要考虑你是否会从与桥头堡市场合作的经验中吸取教训，以帮助你的企业在前进的道路上茁壮成长。可能焦点小组很适合学习，因为他们与许多其他组织合作，让你接触到许多种营销问题，你可以利用这些问题来改进你的技术和销售。最后，你需要考虑桥头堡客户的一致性。如果你想让人觉得你是一个尖端的技术人员，你以后就可以把用最精确的方法解决复杂的商业问题作为公司的销售卖点，这样的话也许有小孩子的父母的市场将是一个糟糕的选择。一个让父母（希望）了解他们婴儿感受的应用程序，与一个后来帮助世界上最大的企业做市场研究的企业不会很协调。

考虑到每个桥头堡客户的使用场景、连贯性、学习和参考意义，你应该选择看起来最有希望的两个。现在是时候使用第一章中描述的测试假设的方法来测试它们了。你正在寻找两种"契合"（fit），让你知道你处于正确的市场上。产品与市场的契合（product-market fit）表明，你有适合你的市场的产品。当你证明市场对你的产品有需求，并且在你想进入的市场上有热情的客户时，就会出现这种情况。虽然没有单一的衡量标准，但产品与市场契合度的一个好迹象是，客户来找你购买你的产品，而不是你去找他们。战略与模式的契合（strategy-model fit）也很重要，当你为这些买家找到一种与你的员工和供应商结构相匹配的营销方法时，就会出现这种情况。如果你有热情的客户，但不能找到一种向他们提供产品的方法，

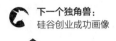
而这种方法最终会给你带来利润并满足你的目标，那么你就没有战略与模式契合。哪个买家能给你带来合适的契合度，就可能是最好的潜在客户。一旦你选择了一个客户，要避免过快地扩展到新的市场，因为规模扩张过快的企业很容易失败，这是一种很常见的情况。

客户、供应商和雇员都搞定了，那你的防火墙（wall of fire）呢？正如我们在第四章的"魔法"PPT中所看到的那样，企业需要一种保护自己免受竞争的方法。大企业在捍卫它们的市场地位时有多种防御手段，包括它们的规模、它们存在时间较长的事实，以及在某些情况下，它们的灵活性。这些通常是创业者所不具备的，相反，没有现有玩家的优势，他们就需要建立自己的防火墙，将竞争对手挡在门外。检验你是否拥有可持续优势的经典方法是使用VRIO模型。

　　要想拥有一道防火墙，你必须首先拥有一些有价值的东西，也就是你可以用来减轻威胁或利用其他企业无法利用的机会的东西。通常情况下，这是指你的产品中的某些东西，它可以让你为它收取更多的费用（你开发了一种需要更少墨水的打印机），或者你可以降低对手产品的价格（你开发了一种更便宜的方法来制造打印机墨水）。其次，你的优势必须是罕见的，不是每个人都有的，而且是不可模仿的，这意味着其他人很难得到它。你可以通过多种方式做到这一点，包括：知识产权保护（你有新墨水的专利）、与众不同的技能（你有世界上唯一知道如何使用这种墨水技术的人与你合作）、独家关系（你与生产墨水所需化学品的企业有协议），或其他方法。最后，它必须形成特定的组织优势，成立你的企业以便以别人没有的方式利用这种资源。例如，你已经围绕销售你的墨水建立了一个直接面向消费者的品牌，并使

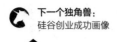

你的企业在解决这个专业市场问题方面灵活而快速。如果你有通过 VRIO 测试的优势,你就有一堵防火墙,可以让竞争对手望而却步。

▶▷ 创建美好的事物

所有的组织都涉及文化建设,它包括从组织中每个人都认同的理所当然的信念和企业的目标到组织经常有的小仪式,比如企业的聚会。文化是把员工联系在一起的,让他们了解他们的目标和完成这些目标的方法。它能让企业在很多层面上得到加强。

优步的文化是不惜一切代价都要成功,这意味着,员工总是想方设法成为表现最佳的,即使这意味着把法律推到极限。它帮助优步取得了早期的成功,但也创造了一种环境,在这种环境中,如果是顶级员工,即便法律和道德问题都会被忽视，而获胜本身就成为一种目的。优步有正式的企业价值观，规定了其强硬的企业文化（"永远努力"是一个令人印象深刻的例子）。优步的文化不是通过公开声明打造的，而是通过许多个体的决定创造的，比如聘用谁［用阿里安娜·赫芬顿（Arianna Huffington）的话说就是"聪明的混蛋"］、奖励谁以及在公司内部应该表扬或惩罚什么。优步文化的核心是其创始人特拉维斯·卡兰尼克（Travis Kalanick）最初决定的，然后通过他的私人行为和公司的公开声明［以碧昂斯（Beyoncé）为主角的巨型酒精聚会］强化了这些决定。随着公司的发展，优步的文化越来越成为一种负担，导致卡兰尼克的退出以及前员工和政府等的多项诉讼。

创始人创造的文化是企业最持久的方面之一，它超越了创始人本身，继承了企业的传统。在某些情况下，这是很直白的。当有着两个世纪

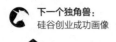

悠久历史的律师事务所"克拉维斯、斯文和穆尔"（Cravath，Swaine& Moore）的合伙人去世时，他们被授予"克拉维斯致敬"（Cravath Walk）的礼遇。在世的合伙人身着深色西装和白衬衫，两两结伴走到墓碑前，用作家詹姆斯·斯图尔特（James Stewart）的话宣布这一传统："一个合伙人死了，公司还活着。"文化的持久性，在这种情况下，超过数百年，是一种潜在的巨大遗产。

作为创始人，你有机会塑造文化，使之对你的企业有利，也对社会和你的员工有利。研究表明，除非你积极计划，否则你企业的大部分文化将被继承，与你以前的雇主所使用的系统相承接。然而，最好的创始人往往积极塑造企业的文化，而不仅仅是积极设计企业的系统和程序。他们意识到，企业里的其他人都把他们当作榜样，他们选择的行为方式将成为企业员工效仿的典范。

作为一个创始人，你不一定要遵循奈飞或优步等独角兽企业的好胜心极强的文化模式。事实上，竞争性文化是最容易成功的。这种信念就是一个神话——这是我们在本书中讨论的最后一个神话。当然，这种模式也可以发挥作用。斯坦福大学的一个研究项目对数百家初创企业进行了调查，结果显示，雇用优秀人才并建立以成就为导向的文化确实是一种可能给企业带来长期增长的方法。然而，更成功的是那些努力让所有员工感到自己是家庭一分子的企业，包括雇用合适的员工并花大量时间发展文化。这些企业的忠诚度更高，比其他初创企业更容易生存。事实上，建立一个温暖、同情和理解的组织可以提高员工的满意度和工作质量。而且建立一个温暖和充满关怀感的企业并不需要以牺牲其他因素为代价，如责任感和敏捷性。最近的一项研究表明，一个企业绝对有可能在文化的所有的积极方面都做得很

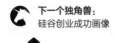

好——事实上，最好的组织在很多方面都有积极的文化。你可以通过做好事来创建美好的事物：创造一种人们愿意参与的文化，通常是创造一种有助于企业成功的文化的同义词。

🗒️ 创始人检查清单：需要记住的事情

- 快速成长并不总是正确之举。

- 记住你的员工、供应商、买家和防火墙。

- 员工和供应商：深思熟虑地打造组织和正确地招聘员工对企业的长期成功至关重要。

- 客户：选择你的客户以配合你的战略，并测试他们是否是正确的客户。

- 你的防火墙：确保你对你的长期竞争优势有一个清晰的认识，使用 VRIO 测试。

- 最好的创始人会决定他们想要创建什么样的文化，并通过人力资源方法和榜样作用来塑造这种文化。

结│语

独角兽影子下的神奇传说和单一神话

这本书中的建议是让我们学会如何成为一个成功创始人的极好建议。但我担心，这还不够。这并不仅仅是因为创业维艰。即使你遵循本书中的所有建议，它仍然只能使你走向成功的一部分。关于如何启动一个成功的创业企业，我们还有很多不知道的地方，书中的建议的价值也会因情况不同而不同。尽管我尽了最大努力去准确地覆盖这个多样化的学术领域，但我肯定在我引用的论文中错过了一些重要的细节。此外还有其他原因。虽然这些担忧是真实的，但它们并不是担心是否能破除神话的局限性的唯一因素。拥有单一神话

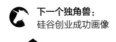
的系统会奖励那些适合它们的人。我们知道英雄是什么样子的，我们也假定我们知道独角兽的创始人是什么样子的。

这就是为什么霍尔姆斯在希拉洛斯的骗局中如此成功。正如我们在第四章中所看到的，她看起来就像创始人一样，利用她在斯坦福大学辍学的身份和她的黑色高领毛衣等符号，让大家相信她是单一神话中的一部分。她暂时的成功是由于她利用了别人早就写好并强化的剧本。扎克伯格的成功、乔布斯的成功和盖茨的成功的巨大影子今天以危险的方式萦绕在我们心头。

如果你不符合单一神话中的描述，你很可能会受到惩罚，即使你是正确的。女性创始人、年长的创始人、单干的创始人和其他人可能在统计学上更成功，但如果那些相信单一神话理论的风险投资人对这些创始人不感兴趣，那么他们就不会得到资助。而他们没有得到资助的事实将被用来对付未来作为女性、年长者或独行侠的创始人，他们可以模仿的榜样就会减少。这将成为一个恶性循环，使过去的独角兽企业的神话和影子变得更加黑暗。

在短期内，打败神话的最好方法是意识到它们，并尽可能融入它们。使用书中的工具，以及你作为创始人学到的工具，在你能做到的情况下，向大家对独角兽单一神话的预期靠拢，同时在对你来说重要的领域突破界限。在可能的情况下，寻找盟友：让资助者和合作伙伴认识到，更大的利益和更大的利润来自打破常规的人，而不是符合常规的人。

但从长远来看，我们要把自己从创业的单一神话中解放出来。创业对于社会和创业的个人来说都太重要了，我们不能继续追逐独角兽的影子。只有纠正创业只属于少数特权阶层的错误说法，我们才能确保创业的民主化。由于初创企业是创

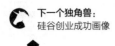

造就业和创新的主要来源，我们需要更多的创始
人，而不是更少。人才无处不在，但机会并非如
此。通过对神话的反击，我们可以开始改变这种
状况。

初创企业相关推荐

初创经管相关推荐